新时代人事工作与档案管理研究

魏娟 著

吉林科学技术出版社

图书在版编目(CIP)数据

新时代人事工作与档案管理研究 / 魏娟著. --长春：吉林科学技术出版社，2019.5
ISBN 978-7-5578-5498-0

Ⅰ.①新… Ⅱ.①魏… Ⅲ.①人事工作－研究－中国 ②人事档案－档案管理－研究－中国 Ⅳ.①D630.1 ②G275.9

中国版本图书馆 CIP 数据核字(2019)第 106187 号

XINSHIDAI RENSHI GONGZUO YU DANGAN GUANLI YANJIU
新时代人事工作与档案管理研究

著　　者	魏　娟
出 版 人	李　梁
责任编辑	李思言
封面设计	崔　蕾
制　　版	北京亚吉飞数码科技有限公司
开　　本	710mm×1000mm　1/16
字　　数	204 千字
印　　张	15.75
印　　数	1—5 000 册
版　　次	2020 年 3 月第 1 版
印　　次	2020 年 3 月第 1 次印刷
出　　版	吉林科学技术出版社
发　　行	吉林科学技术出版社
地　　址	长春市人民大街 4646 号
邮　　编	130021
发行部传真/电话	0431－85635176　85651759　85635177　85651628　85652585
储运部电话	0431－86059116
编辑部电话	0431－85635186
网　　址	www.jlsycbs.net
印　　刷	北京亚吉飞数码科技有限公司
书　　号	ISBN 978-7-5578-5498-0
定　　价	70.00 元

如有印装质量问题　可寄出版社调换
版权所有　翻印必究　举报电话：0431－85635186

前　言

　　习近平总书记在党的十九大报告中明确指出,中国特色社会主义已经进入了新时代。这是一个变革与创新迸发的时代,也是一个生产与消费一体化的时代,还是一个互联网与大数据迅速发展的时代。在新时代,包括人事工作在内的我国各项工作都需要进行一定的调整、变革与创新,以更好地适应新时代的发展要求,切实推动社会的全面进步。

　　人事工作就是单位对所属的工作人员进行招聘、选拔、使用、培养、奖惩等管理活动,它不仅影响着所属工作人员的切实利益,而且影响着单位的发展、稳定与和谐,还关系着人才的作用能否得到最大限度的发挥。因此,每个单位都需要高度重视人事工作。由于对忠实记录了个人的历史表现,以及德、能、勤、绩、廉等情况的人事档案进行管理是人事工作的核心组成部分和关键环节,因此,在开展人事工作的过程中,必须做好人事档案管理工作。但目前一些单位对人事工作以及人事档案管理的重视程度不够,而且在如何借助人事档案管理来促进人事工作质量提高方面面临一些问题,因而还需要对人事工作与人事档案管理进行深入的思考与探究,以便在符合时代发展要求的基础上,更好地促进员工、单位以及整个社会的发展。基于此,作者在参阅大量相关文献的基础上,结合人事工作以及人事档案管理的现状与经验,精心撰写了《新时代人事工作与档案管理研究》一书。

　　本书包括九章内容。第一章作为全书开篇,对新时代人事工作进行了总体论述,为下面章节的展开做了理论铺垫。第二章至第五章对人事工作展开了具体论述,涉及新时代的人员招聘与录用、战略视角下的人力资源培训与开发、以双赢为宗旨的员工绩效考核、科学合理的员工薪酬设计四方面的内容,这四章的内容有助于人事部门的管理者更好地开展人事工作,不断提高员工的工作积极性与主动性,促使员工的工作潜能得到最大限度的发挥。由于在人事工作中,管理好人事档案也是一项重要的工作内容,因此本书的第六章至第九章对人事档案管理的相关内容进行了详细阐述,具体包括人事档案管理、人事档案的一般管理方法、人事档案管理的规范化与信息化、干部和流动人员的人事档案管理四方面的内容。

本书在撰写的过程中,既吸收了前人研究的有益成果,又在此基础上进行了深化和拓展,以期帮助各个单位在新时代以人事档案管理为着眼点,更好地开展人事工作,继而促使人才的作用得到充分发挥,单位得到长远发展,社会得以不断进步。概括而言,本书有以下几个鲜明的特色。

第一,针对性强。本书在撰写的过程中,充分考虑到新时代的发展特点以及当前人事工作、人事档案管理的现状与发展趋势等,因而对在当代更好地开展人事工作和人事档案管理工作具有重要的指导意义。

第二,实用性强。本书坚持理论与实践相结合,既尝试对人事工作与人事档案管理的理论进行构建,又着眼于当前人事工作与人事档案管理的现状,注重对如何在新时代更好地开展人事工作与人事档案管理工作提供具体的指导。

第三,规范性强。本书在论述过程中,力求逻辑清晰、脉络分明、阐述充分、语言准确规范,以确保著作内容的学术性和准确性。

在本书的撰写过程中,作者不仅参阅、引用了很多国内外相关文献资料,而且得到了同事亲朋的鼎力相助,在此一并表示衷心的感谢。由于作者水平有限,书中疏漏之处在所难免,恳请同行专家以及广大读者批评指正。

作　者
2019 年 4 月

目 录

第一章　新时代人事工作概述 ………………………………… 1
- 第一节　人事管理的历史演进 ……………………………… 1
- 第二节　人事工作的基本功能和基本原则 ………………… 11
- 第三节　新时代人事工作的发展趋势 ……………………… 18

第二章　新时代的人员招聘与录用 …………………………… 25
- 第一节　人员招聘的目的、原则及影响因素分析 ………… 25
- 第二节　人员招聘的渠道比较与选择 ……………………… 37
- 第三节　人员的甄选与录用 ………………………………… 49

第三章　战略视角下的人力资源培训与开发 ………………… 55
- 第一节　人力资源培训与开发概述 ………………………… 55
- 第二节　人力资源培训的基本程序 ………………………… 64
- 第三节　员工职业生涯规划与管理 ………………………… 73

第四章　以双赢为宗旨的员工绩效考核 ……………………… 81
- 第一节　员工绩效考核的基本认知 ………………………… 81
- 第二节　员工绩效考核的过程和方法探索 ………………… 90
- 第三节　员工绩效考核中的偏见与误差分析 ……………… 100

第五章　科学合理的员工薪酬设计 …………………………… 106
- 第一节　员工薪酬的基本认知 ……………………………… 106
- 第二节　员工薪酬的科学合理设计 ………………………… 114
- 第三节　新时代员工薪酬管理发展趋势 …………………… 124

第六章　人事档案管理 ………………………………………… 130
- 第一节　人事档案的定义、特点与作用 …………………… 130
- 第二节　人事档案工作的内容与性质 ……………………… 135
- 第三节　人事档案管理的基本原则分析 …………………… 142

第四节　人事档案管理的体制与模式探讨 …………… 145
第七章　人事档案的一般管理方法 …………………………… 149
　　第一节　人事档案的收集和鉴定 ……………………… 149
　　第二节　人事档案的整理和统计 ……………………… 162
　　第三节　人事档案的保管和转递 ……………………… 173
第八章　人事档案管理的规范化与信息化 …………………… 188
　　第一节　人事档案规范化管理的含义、目标与途径 … 188
　　第二节　人事档案信息化建设的现实意义 …………… 195
　　第三节　人事档案信息化管理的内容与原则 ………… 203
　　第四节　人事档案管理信息系统功能分析 …………… 213
第九章　干部和流动人员的人事档案管理 …………………… 221
　　第一节　干部人事档案管理 …………………………… 221
　　第二节　流动人员的人事档案管理 …………………… 229
参考文献 ………………………………………………………… 239

第一章 新时代人事工作概述

21世纪是充满竞争和机遇的新世纪,是网络经济、知识经济为主导的新经济时代。全球经济发展的关键、竞争的焦点,已毋庸置疑地转向科技的竞争和知识的竞争。而科技和经济的载体是人,所以,知识经济的内涵就是人力资源的经济。科技和经济的竞争,归根结底就是人力资源的竞争。在这样一个"以人为本"的时代,人在价值创造中的地位和作用越来越重要,企业的生存和发展越来越依赖于人的因素。企业要在日益激烈的市场竞争中谋求更大发展,就要在开发人力资源方面给予高度重视,在人事工作方面有所突破和创新,这也是当今世界科学发展一个极为重要的课题。

第一节 人事管理的历史演进

自人类进入阶级社会以来,随着社会分工的发展,社会劳动中人与事的关系日趋复杂化,导致处理人与事关系的任务大量增加。人们原来在劳动中"附带"处理这类关系的历史已不复存在。这样,独立于具体劳动之外的人事管理就产生了。独立地处理人事关系有利于更加合理地使用人力,提高劳动生产率。与人事制度不同,人事管理的工作虽然早已存在,但对其内涵及发展规律做专门的研究,则是在现代意义上的人事管理体系构建以后的事。人事管理的历史演进大致可以分为以下几个阶段。

一、经验管理阶段

这一阶段是指18世纪中叶至19世纪中叶,为人事管理的初始阶段,也被称作人事管理的经验管理阶段。该阶段经历了古代、中世纪和资本主义早期。古代和中世纪可作为这一时期的第一个阶段,即早期管理实践和管理思想渊源阶段(18世纪以前);资本主义早期可作为第二个阶段,早期管理理论的萌芽阶段(18—19世纪中期)。区别这两个阶段的标志是人类对管理的作用的认识。18世纪以前,人们从未深刻认识到管理活动本身的重要性和必要性。尽管人类为了谋求生产自觉不自觉地进行着管理的实践。例如,当时已出现处于萌芽状态的库存账目记录、管理控制系统、协商式管理等。也有一些管理思想令后人惊叹不已,但未对管理的作用提出见解。18—19世纪中期,欧洲逐渐成为世界的中心。同时,各国在社会政治、经济、技术方面经历了大变动、大改革:几次大规模的资产阶级革命;商业城市的发展;家庭手工业制的主导地位逐步被工厂所代替。机器大生产和工厂制度的普遍出现,对社会经济的发展产生了重要影响。同时,各种生产设备的更新,使工厂内劳动力的配置状况产生了重大转变,它要求劳动者与劳动资料实现更加紧密的结合,迫使劳动者时时处处需要适应生产技术设备的要求,在这种情况下,工人在工作中的活力完全消失,工作变成了令人厌恶的苦差事。对此,一些企业的管理者也试图进行改革,如英国空想社会主义家欧文曾经在苏格兰的一家纺织厂进行了有益的尝试,由于他最早进行了缩短工时、改善工人工作环境等人事管理方面的改革,因而被后人称为"现代人事管理之父"。此外,英国数学家查尔斯·巴贝奇在1832年发表了《机器与制造业经济学》一书,对专业化问题进行了深入研究。他对专业分化、机械与工具的使用、时间研究、批量生产、均衡生产、成本记录等问题都做了充分论述,并且强调要注重人的作用,应鼓励工人提出合理化的建议等。

在这一时期,人事管理还没有被作为一个专门的科学来研究。企业主凭经验、个人天赋、习惯、直观和创造力，按照传统的程序来处理问题。工人凭经验进行生产操作，技术传递也是采取师徒相授的办法。

这一阶段人事管理实践及主导思想有如下特点。

(1) 组织的所有权与经营权合一，企业主既是所有者，又是经营者。

(2) 人事管理在这一时期表现为雇佣管理，主要功能在于招录和雇佣工人。

(3) 确立了劳动分工和工资支付制度。

(4) 开始区分管理者与操作者。

(5) 在组织内容的人际关系处理中是典型的"人治"，没有法治。

(6) 没有形成科学而合理的分工，执行的是面对面的管理，主观随意性很强。

二、科学管理阶段

这一阶段指 19 世纪末到 20 世纪早期。美国在南北战争和第一次世界大战后工业增长迅速，但与此同时，管理的粗糙和薄弱也表现出来。工厂暴力达到了前所未有的程度，工人与雇主的关系紧张，罢工、停工、怠工现象频繁发生，工厂生产效率很低。在这种情况下，解决雇主和工人之间的问题，特别是如何支付工人的报酬，以及怎样提高生产效率成为人们迫切关注的问题。19 世纪 80 年代，弗雷德里克·泰勒在米德维尔钢铁厂工作，他发现工人们采用各种不同的方法"磨洋工"，也看到工人和管理者没有明确的责任概念。于是，泰勒准备从试验开始找到科学的方法提高生产率。

泰勒开拓性地将科学与工人予以结合，认为对工人进行培训应该成为企业最重要的工作之一，而对工人进行有效培训的前提是科学地挑选工人。出于提高劳动生产率的追求目标，泰勒进行了大量的工时和动作研究，并制定了科学的工作标准，以便在生产中推行科学管理。泰勒的管理哲学思想特别注重激励与惩罚相结合的管理准则，使得"奖勤罚懒"成了一种管理文化，其中他所倡导的"差别计件制"无疑是这种文化的具体表现。

与泰勒同时代的其他管理学家如韦伯、法约尔，也彻底抛弃了根据经验或者凭借主观想象和假设组织生产、进行企业管理的传统做法。他们从企业的实际出发，运用科学的实验方法，通过不断实践和深入探索，创立了一套全新的管理思想和管理方法体系。

韦伯在20世纪早期发表一种权威结构理论，并依据权威关系描述组织活动。他描述了一种官僚行政组织的理想组织模式。这是一种体现劳动分工原则的、有着明确定义的等级和详细的规则与制度的组织模式。

法约尔认为，在大型企业中，管理者与下级人员之间有一个很长的等级链，因此命令和反馈信息都必须通过一系列的中间人来传送。每一个员工不论是故意的还是无意的，都会在一定程度上发挥传递作用并执行收到的命令。至于中间人发挥什么样的主动性，则主要取决于管理者的个性和道德品质、下属的可靠性以及企业的条件。

科学管理作为一种管理理论，它以如下的科学假设作为前提：第一，当时，劳资矛盾日益尖锐的主要原因是社会资源没有得到充分利用，影响了劳资双方的利益分配。第二，从工人方面来说，其基本的假定，即人是"经济人"。人最为关心的是金钱收入。第三，单个人是可以取得最大效率的，集体的行为反而导致效率下降，科学管理是使单个人提高效率的有效方法。在今天看来这三个前提都有缺陷，然而，从当时的实际情况来看，科学管理理论是具有相当的客观性的，是符合当时社会现实的。

在上述管理思想的影响下，这一阶段人事管理有如下几个特点。

(1)劳动计量标准化。开始重视工时、动作的规范化和专业管理，强调用"最好的方法"去完成任务，建立了劳动定额、劳动定时工作制，开始按标准方法对劳动成果进行计算。

(2)将人处于大生产过程的从属地位。在企业内，员工是被动的人,和物属同一性质,只是某种意义上的工具,企业必须制订"科学的"标准操作方案和刺激办法,对其进行严格的管理。

(3)组织所有权与经营权开始分离,组织出现了专门从事职能管理的人员和劳动人事管理部门,负责招募雇佣工人、人员的协调与配置等。

(4)有计划地培训。由于劳动计量标准化的实行,能够按照标准方法对劳动效果进行计算,这就为标准化的培训提供了条件,使工人的工作分配与岗位安排更为科学合理。

(5)以"性恶"人性观为指导,在人事管理中将其外化为"棍棒政策",即认为只有在暴力的强迫下,人才会不自觉地与事结合,从事劳动。这也是"人是经济人"的观点体现,它主张采用物质引诱的办法引诱人与事结合。

(6)管理手段上讲究科学化,定量分析工作的方法大大提高了生产率。

(7)"见事不见人",强调对事的管理,不考虑个人行为的差别和人与人之间的关系影响,排除了对人的因素的考虑。

(8)责权对应。韦伯提出:各种职务和职位按照职权的等级原则形成一个指挥体系;为实现组织的目标,要将所需要的全部活动都划分为各种基本的作业,把它分批分给组织中的各种成员;在这种分工中,组织的每一个环节都要由拥有必要职权的专门人员来完成。

三、人际关系阶段

这一阶段指的是 20 世纪 20 年代至第二次世界大战结束。由于泰勒等人创立的科学管理理论仅仅把人看作一种"经济人",强调严格用科学方法和规章制度实施管理,漠视人的情感,因而在很多企业激起工人的强烈不满和反抗。由此,人际关系学派产生。推动人际关系学派产生的一个重要事件就是在美国西屋电器公司进行的"霍桑实验",其中最著名的代表人物是梅奥。通过长达 9 年多的"霍桑实验",梅奥对科学管理阶段的泰勒主义提出了批评。他认为在工业发展野蛮阶段,技术与物质利益起着巨大的作用。但在工业文明时期,人们之间合作的本能会得到发展。组织中的人绝不是单纯的"经济人"而是"社会人"。人的合作是要通过组织表现出来的,在组织内部会出现非正式的组织。他强调金钱并非刺激员工积极性的唯一动力,社会交往、他人认可、归属感等社会心理因素才是决定人工作积极性的第一位因素,生产效率的提高,关键在于工人工作士气的提高,而士气的提高取决于人际关系。人际关系理论的开创使得管理者开始重视人这一因素,也开创了人力资源管理发展的新阶段,不少企业在管理员工时开始设置专门的培训主管,强调对员工的关心,加强员工与管理层的沟通等人事管理方法,极大地丰富了人事管理的职能。

人际关系阶段的人事管理,承认人的社会属性;采用"社会人"的人性假设,由理性化管理变为感性化的管理;承认非正式组织的存在,弱化制度的作用;承认管理的艺术性,提倡以人为核心改善管理方法;强调人际关系的协调与正向的激励。

四、行为管理阶段

这一阶段指的是20世纪50年代后期至80年代末。当时,针对人际关系学派的不足,许多管理学者加以总结和补充,发展出了行为管理学派。行为管理学派重视对个体心理和行为、群体心理和行为的研究和应用,侧重于对人的需要和动机的研究,代表人物是巴纳德、马斯洛、赫茨伯格、麦格雷戈。

巴纳德提出了著名的"协作系统"观点,试图把人际关系和古典组织理论的众多原则融汇到一个框架之下。他认为只有将组织的目标和个体为组织工作的目标维持在平衡状态,一个组织才能得以运作和存活。这就要求管理者必须既具有处理人际关系的技能又能掌握技术上技能。

马斯洛的需要层次理论对行为管理学派产生了重要影响,按照需要层次理论,管理者所要做的工作就是满足雇员的需要,同时也实现组织目标。

赫茨伯格将马斯洛的需要层次理论继续推进,提出了动机的双因素说。双因素说认为引起人们工作动机的因素主要有两个:一个是保健因素,另一个是激励因素。保健因素是造成员工不满的因素,通常与工作环境或工作关系有关,如工作场所、安全设施、企业的规章制度等。当保健因素不能得到满足时,员工会产生不满;当保健因素得到改善,不满情绪就会消除。激励因素是能使员工感到满意的因素,通常与工作的性质和内容有关,如工作的成就感、上级的重视等。激励因素的改善能够给员工带来满意感,且激励因素不具备时,也不会造成员工的极大不满。保健因素与生理需要、安全需要和社会需要紧密相关,激励因素与尊重和自我实现的需要紧密联系。

同样在马斯洛的研究基础上,麦格雷戈提出了有关人和管理策略的假设,即X—Y理论,把传统管理学说称为X理论,他自己的管理学说称为Y理论。X理论认为:多数人天生懒惰,尽一切可能逃避工作;对多数人必须采取强迫命令、软(金钱刺激)硬(惩罚和解雇)兼施的管理措施。Y理论则相反,认为一般人都是积极向上的,他们对工作的态度取决于是把工作看作一种满足还是一种惩罚。强制和惩罚不是促使人们为实现组织的目标而努力的唯一手段,人们能够进行自我管理和自我控制。在适当条件下,人们不仅愿意承担责任,还会主动要求承担责任。麦格雷戈强调指出,必须充分肯定作为企业生产主体的人。

总的来说,行为管理阶段的人事管理具有以下特点。

(1)更加注意对人的因素的研究,强调以人为中心研究管理问题,重视人在组织中的关键作用。强调探索人类行为的规律,提倡善于用人,进行人力资源的开发。

(2)不拘泥于某一固定的人性假设,开始具备了权变的思想。

(3)需求层次理论促使人们在企业管理理论上进一步深化,去思考在企业的生产过程中,如何更好地从文化心理上去满足企业职工的高层次需要。

(4)强调个人目标和组织目标的一致性,认为调动员工积极性必须从个人因素和组织因素两个方面着手。

(5)主张在组织中恢复人的尊严,实行民主参与管理,改变上下级之间的关系,由命令服从变为支持帮助,由监管变为引导,实行组织成员的自主自治。

不过,从目前的眼光来看,行为管理理论作为对管理问题的系统论述存在一定的局限性。他们过于强调人的作用,忽视了经济技术等方面的考虑。

此外,20世纪70年代还出现了新的命题,即"工作—生活质量"。其理论基础来源于英国塔维斯特克所提出的社会技术系统的概念,但实施方案首先在美国发展起来。基本思想是为了提高组织工作效率,不能只考虑技术因素,还要考虑人的因素,使技术和人协调一致。具体工作是由工会和管理部门共同合作改善员工的生活福利和工作环境,以增加员工的参与决策为手段,达到提高生产率和员工满意感的一系列措施集合。综合起来看,管理中的工作生活质量大体包括如下内容。

(1)劳动报酬的充分性和公平性。

(2)安全和有利于健康的工作条件。

(3)工作组织中的人际关系。

(4)对工作本身的满意度。

(5)员工生涯发展。

(6)参与决策,民主管理。

(7)工作具有社会意义。

(8)保障员工在组织内的权利。

(9)工作以外的家庭生活和其他业余活动。

五、企业文化阶段

进入20世纪90年代以后,西方管理理论呈现出快速发展的趋势,出现了知识管理、再造工程、企业伦理与企业文化的交叉研究现象。如果说企业文化仅仅将分析视角局限于企业内部这个狭窄的空间里,那么,网络经济、知识管理、再造工程、企业伦理与企业文化的交叉研究就大大拓展了自己的研究领域,它把触角延伸到了企业外部社会环境的诸多领域。

企业文化理论诞生的一个重要诱因是美日企业管理经验的比较研究,这主要是从日本第二次世界大战后经济的崛起和美国管理思想出现反思开始的。许多美国专家认为,日本能够很好地把民族传统文化融合在企业管理中,形成企业全体员工共有的集体价值观念,在企业中营造一种和谐共处、感情色彩浓厚的文化氛围,使员工树立起与企业荣辱与共的信念。美国企业看重的是技术和装备,在管理中注重理性化,在管理技术上强调严密的组织结构和规章制度以及定量分析,与日本的管理相比,没有重视精神的作用和文化的力量。企业文化理论正是从日本成功的企业管理的实践中发展起来的。

20世纪七八十年代,长期服务于美国著名的麦肯锡管理顾问公司的学者,访问了美国60多家历史悠久且较为优秀的大公司,包括IBM、德州仪器、惠普、麦当劳、柯达、杜邦等各行业中的翘楚,深入研究了这些成功企业的一些共同特点,总结出了7S模型。7S即结构(Structure)、战略(Strategy)、技能(Skill)、人员(Staff)、作风(Style)、制度(System)和共有价值观(Shared values),简称7S模型(图1-1)。

图1-1　麦肯锡的7S模型①

7S模型的每个要素分别要回答几个问题,如表1-1所示。

---

① 宋源.人力资源管理[M].上海:上海社会科学院出版社,2016:21.

表1-1 7S要素分别要回答的问题①

要素	回答的问题
结构	• 组织各部门/团队是如何划分的 • 组织各部门/团队内的人员如何组织 • 组织的等级结构是怎样的 • 组织各部门/团队如何协同工作 • 决策权和控制权是集中的还是分散的,符合当前的需求吗 • 组织内部的沟通管道是什么,有哪些显性的和隐性的沟通管道
战略	• 我们的战略是什么 • 组织计划如何达到目标 • 组织如何根据外部环境的变化调整战略 • 组织如何应对竞争压力 • 组织如何应对消费者的需求变化
技能	• 组织因何闻名 • 组织内展现出来的最强的技能有哪些 • 组织内是否存在技术缺口 • 员工/团队当前的技能是否能应对所需完成的工作 • 技能如何被评估
人员	• 组织人员目前展现出怎样的能力专长 • 哪些岗位存在空缺 • 员工的能力现状与目标是否存在差距
作风	• 管理/领导风格的参与性有多强 • 领导的有效性如何 • 员工之间的关系趋向于竞争还是合作 • 组织内部的团队分工是不是真的在起作用,还是只是形式主义
制度	• 组织运行的主要制度是什么(既要考虑财务制度、人力资源制度,也要考虑沟通制度等) • 这些制度如何被监管和评估 • 通过哪些内部规则和流程来确保团队不发生偏离
共同价值观	• 组织的核心价值观是什么 • 组织的价值观有多强大 • 组织的文化是怎样的 • 组织赖以生存的基础价值观是怎样的

---

① 李志洪.麦肯锡领导力法则[M].北京:台海出版社,2017:108-109.

7S模型中,结构、制度和战略被认为是企业成功的"硬件",作风、人员、技能和共同价值观被认为是企业成功经营的"软件"。7S模型表明,软件和硬件同样重要,在企业发展过程中,要全面考虑企业的整体情况。麦肯锡7S模型能适用于任何企业团队或组织的组织有效性问题,如果团队或组织表现乏力,问题很有可能出在各个要素的不切合上,运用7S模型分析组织的现实情况是有意义的,但是只有清楚要素改进方向,保证各要素都朝着共同的目标而努力,组织或者团队才能取得真正的进步。

企业的管理实务不断为企业文化的完善提供各种实践的机会,提供企业文化建设的现实经验。在知识经济时代,企业管理与企业文化是相互影响、相互作用的一组二元动力。企业的经营目标、经营决策、经营宗旨,都是在企业的经营哲学、价值观、企业精神等企业文化的指导下确立的。企业经营目标、经营决策、经营宗旨的确立与贯彻,还取决于整个企业的精神状态和文化氛围。企业文化赋予企业更多的思想性、人情味,具有时代特色和人文精神,有助于改善企业的管理。

企业文化对企业管理可以产生更直接、更重要的作用,一般体现为导向功能、凝聚功能、规范功能、激励功能等。

总的来说,企业文化阶段的人事管理具有以下几个特点:第一,人事关系成为总经理最重要的事宜之一。第二,重视员工作为有尊严个体的存在。第三,重视用工作目标激发员工的积极性。第四,重视工作表现和挑战性工作,注重在工作中培养员工的成就感。第五,注重团队精神的培养和沟通技巧的使用,注意团体气氛的融洽。

第二节 人事工作的基本功能和基本原则

重视和做好人事工作,对于调动员工的积极性、提高企事业单位的竞争优势、保证企事业单位获得最大的经济效益等都有重要的意义。而要想做好人事工作，必须明确人事工作的基本功能和基本原则。

一、人事工作的基本功能

人事工作的基本功能就是人事工作自身所具备或应该具备的作用，它对于实现人事工作的目标具有重要的作用。就当前来说，人事工作的基本功能有以下几个。

（一）吸纳功能

企事业单位为了扩大生产线、壮大规模或提高员工队伍的整体素质等，需要不断吸纳合适的员工。事实上，企事业单位即使不存在以上的原因，也会因为员工的"自然磨损"（如辞职、退休、病退、死亡等）而需要不断有合适的人员补充到员工队伍中。因此，人事工作的一个基本功能就是吸纳功能。

所谓人事工作的吸纳功能，就是人事部门根据企事业单位自身的发展目标、发展现状以及组织结构等确定职务说明书与员工工作素质，制订相适应的员工需求与供给计划，并以此为依据对员工进行招募、考核、选拔、录取与配置等，最终将所需要的员工吸纳到本企事业单位。

（二）整合功能

在人事工作的功能中，整合功能也是十分重要的一个，它主要是通过以下两个方面表现出来的。

第一，通过建立并维持有效的工作关系，促使企事业单位的内部个体、群体目标、行为、态度趋同于企事业单位的要求和理念，使彼此之间形成高度的合作与协调，建设具有整体优势的团队，发挥人力资源的集体优势，提高综合效益。

第二，通过对新员工进行培训、向新员工介绍发展宗旨与发展目标、向新员工传播企业文化等，使新员工在思想上、感情上和心理上认同企事业单位并融为一体。

当人事工作的整合功能得到充分发挥后,员工对企事业单位的认同感便会大大提高,员工的生活质量、工作满意度等也会得到有效提升。

(三)激励功能

激励即依据员工为企事业单位所做出的贡献而对其给予奖励的过程,是人事工作的重要功能之一。

人事工作的激励功能,就是人事部门通过运用多种报酬分配手段,对人力资源的资本价值给予公平的回报,满足员工在物质、精神方面的需要,可以激励员工努力工作,始终保持较强的工作热情,继而在工作中不断创造佳绩。如此一来,企事业单位的工作质量和工作效率也能得到有效提升。

(四)调控功能

人事工作的调控功能,就是人事部门通过运用绩效考核、岗位变动、人员流动等手段,对员工的行为、态度、工作业绩、职位晋升等进行调控。人事工作的调控功能,使得人事部门能够依据实际情况对员工实行动态管理,这对于不断提高企事业单位自身的管理水平和管理绩效具有重要的作用。

(五)开发功能

在人事工作的功能中,开发也是一项重要的功能。所谓人事工作的开发功能,就是人事部门通过对员工开展在职培训、继续教育、制订职业生涯规划等开发管理活动,使员工的知识、技能、综合素质得到进一步的提高,员工的工作潜能得到最高程度的发挥,员工的个人价值得到最大限度的实现。这不仅能调动员工的工作积极性,而且能提高员工的工作质量与活力,最终促使员工在工作中做出更大的贡献。

(六)保护功能

企事业单位在发展的过程中,保护员工的合法权益、保证员工的安全和身心健康,保障员工就业和应得的合法收入,是人事工作的一项不容忽视的内容。这就决定了人事工作具有保护功能,即能够保护员工持续不断地正常工作。此外,人事工作的保护功能也有助于员工与企事业单位之间形成融洽的关系,减少或避免劳资纠纷,最终实现共同发展。

二、人事工作的基本原则

人事工作的基本原则就是人事部门在开展人事工作时必须遵循的准则。这些准则是否正确以及是否得到有效运用等,都会对人事工作的成果产生重要的影响。具体来说,人事工作的基本原则主要有以下几个。

(一)系统性原则

人事工作是企事业单位整体系统的一个重要子系统,而作为一个子系统,它又是由众多相互联系、相互制约的工作环节构成的,任何一个工作环节出现问题(如人员招聘出现问题、人员岗位分配出现问题等),都会对人事工作乃至企事业单位的整体系统产生不利的影响。因此,在开展人事工作时,必须遵循系统性原则。

人事部门在开展人事工作时,只有切实遵循系统性原则,才能获得最优绩效。具体来说,人事部门可从以下几方面着手来贯彻系统性原则。

第一,人事部门在开展人事工作时,必须树立系统性的观点,切实把人事工作与企事业单位的整体发展融合在一起。

第二,人事部门在开展人事工作时,要注意对人事工作的基本功能进行整合,从而促使各项功能都能得到有效发挥,继而提高企事业单位的整体效益。

第三,人事部门在开展人事工作时,必须注意处理好与其他部门的关系,以确保人事工作能够顺利开展。

(二)动态性原则

在当前,企事业单位所面临的环境是复杂多变的,其内在条件也处于不断的发展变化之中。与此同时,人事工作的目标、对象、各个工作环节等也处于不断的运动、变化、发展之中,这就要求企事业单位的人事部门在开展人事工作时,以动态发展的目光看问题,切实遵循动态性原则。

人事部门在开展人事工作时,要有效地贯彻动态性原则,可具体从以下几方面着手。

第一,人事部门在开展人事工作时,必须保持与企事业单位内外条件变化的动态适应性,即要积极关注企事业单位内外条件的变动,并及时采取有效的措施与其相适应。

第二,人事部门在开展人事工作时,必须善于根据企事业单位的发展实际和发展需要,对岗位和人员进行动态的调整,以便员工的工作潜能得到充分发挥。

第三,人事部门在开展人事工作时,必须做到合理用才,并要制定相关的规则来保证员工的合理流动。

第四,人事部门在开展人事工作时,必须注意对员工的使用留有余地,即对员工的管理要有弹性,这对于激发员工的工作积极性、促进员工充分发挥自身的潜能等都有重要的作用。

第五,人事部门在开展人事工作时,必须注意增强对员工的培训与教育,以便员工能够不断提高自己的专业知识与工作能力,更好地与岗位要求相适应,或是逐渐从不适应岗位要求变为适应岗位要求。这对于实现员工与工作岗位的动态平衡具有重要的意义。

(三)整体效能原则

企事业单位作为一个有机的系统,是由众多的目标、任务和工作构成的。由于不同的目标、任务和工作,对人员素质的要求也各有不同。因此,人事部门在开展人事工作时,必须遵循整体效能原则。如此一来,不仅人事工作的要求能够得到有效满足,而且员工的作用也能得到最大限度的发挥。

人事部门在开展人事工作时,要有效地贯彻整体效能原则,可具体从以下几方面着手。

第一,人事部门在开展人事工作时,必须在明确所有工作的性质和要求的基础上,选择与之相适应的员工来承担工作。

第二,人事部门在开展人事工作时,必须明确各个员工的所长与所短,做到避其所短,用其所长,尽可能将每个员工安排在最适合的岗位上,使之人尽其才、才尽其用。

第三,人事部门在开展人事工作时,要尽可能使员工之间达到知识、能力、性格、年龄和关系等方面的优势互补,以利于人事工作整体效能的发挥。

(四)激励性原则

人的行为产生于一定的动机和需要的基础上,因此要想充分发掘人的潜力、调动人的积极性,激励是一个十分有效的措施。因此,在开展人事工作时,激励性原则也是必须遵循的一个重要原则。

人事工作的激励性原则,就是人事部门运用各种管理手段,建立满足员工各种需要的条件,激发员工的工作动机,调动员工工作的主观能动性,使之产生实现组织目标的特定的、期望的行为,继而显著地提高劳动生产率。此外,人事部门在人事工作中贯彻激励原则时,要注意将内在激励与外在激励相结合,并做好激励措施落实的监督工作,以确保激励措施真正发挥作用。

(五)竞争性原则

在开展人事工作时,引入竞争机制既可以保证企事业单位获得优秀的人才,也可以激励员工不断提高自身素质以及劳动积极性。因此,在开展人事工作时,必须遵循竞争性原则。

由于竞争只有以公平为基础,才能发挥自身的积极作用。因此,在人事工作中贯彻竞争性原则时,必须确保所有的员工都能公平竞争,如所有员工要在公平考核的基础上择优录用,要切实以员工的客观工作实绩为依据来确定对其的奖惩与晋升等。

(六)适度性原则

员工的劳动强度、劳动时间、劳动定额都有一定的"度",任何超过这种"度"的管理,会使员工身心交瘁、疲惫不堪、精神萎靡,造成人力资源的巨大损失。因此,在开展人事工作时必须遵循适度性原则,即人事工作必须要在充分发挥和调动员工的能力、动力和潜力的基础上,留有充分余地、保持弹性,不能让员工超负荷和带病开展工作。

(七)要素有用原则

要素有用原则指的是在人事工作中,任何要素(人员)都是有用的,关键是为它创造发挥作用的条件,即人事部门的管理人员不能将员工当机器人看待,而要高度重视员工的主观能动性的开发。因此,在开展人事工作的过程中,必须遵循要素有用原则。

(八)培养和使用相结合原则

培养和使用相结合原则指的是在开展人事工作的过程中,要处理好员工培养与员工使用的关系。员工培养与员工使用的关系,实质上是当前利益与长远利益的关系问题。在人事工作过程中,仅仅着眼于眼前的工作和利益,不重视员工的培养问题,这是企事业单位短期行为在用人上的表现。企事业单位只有重视对员工的培养,才可能做到选拔优秀的员工,合理地使用员工。这是因为,员工若没有形成系统的专业知识和丰富的实践经验,其综合素质是无法得到有效提高的。如此一来,对员工的选拔与使用便失去了支撑。因此,在开展人事工作的工作时,既要考虑当前利益,又要兼顾长远利益,切实将员工培养与员工使用融合在一起。

(九)互补性原则

在人力资源系统中,由于每个个体的多样性、差异性,存在着人力资源整体的能力、性格、见解等多方面的互补性。因此,在开展人事工作时,必须遵循互补性原则,即要充分发挥每个员工的优势,并引导员工之间进行密切配合,以促使员工的作用得到最大限度的发挥。需要注意的是,员工互补的形式是多层次的,主要有知识互补、气质互补、能力互补、性格互补、性别互补、技能互补、年龄互补等。

第三节　新时代人事工作的发展趋势

当今,与知识经济密切结合的人力资源,已经成为知识经济时代企业竞争的动力,符合知识经济时代要求的人力资源管理,是知识经济时代企业生存的重要依据。而随着人力资源管理在企业中扮演角色的日渐重要,人们对人力资源管理的未来发展趋势也有了很多种提法,主要有以下几种。

一、人力资源管理向战略层面转变

近年来,随着企业组织重组等重大变革的推进,企业人力资源管理活动的方式也在发生深刻的变化,直接推动人力资源职能部门再造,使人力资源部门的职能从主要纠缠于事务性活动,转变为聚焦于为企业的发展战略服务。人力资源管理工作者的角色和职能逐渐转变为变革的推动者、业务部门的合作伙伴以及员工关系的维护者,为企业战略变革实施提供行动方案并组织落实。人力资源真正成为企业的战略性资源,人力资源管理要为企业战略目标的实现承担责任。战略人力资源管理关注的问题在于:第一,人力资源管理要与人力资源战略以及企业战略需要结合起来;第二,人力资源政策要与跨政策区域、各层级结合;第三,人力资源实践由直接经理人员和员工作为他们的日常工作的一部分来调整、接受和应用。战略人力资源管理的观点强调,每一项人力资源实践活动都应围绕获取组织竞争优势来开展,关注员工目标与组织目标的一致性问题,强调人力资源管理各项实践活动间的匹配性及捆绑性问题,即强调一系列人力资源活动的协同效用。

目前人力资源管理者逐渐从作业性、行政性事务中解放出来,转变为关心组织发展和管理者能力的战略角色。

二、人力资源管理职能外包化

人力资源管理职能外包是在20世纪90年代企业实施"回归业主,强化核心业务"的大背景下兴起的一种新的企业管理战略手段。它是指公司或企业将人力资源管理的部分或全部工作委托给外部的专业人力资源管理服务机构代为处理的行为。许多企业力图通过外包的方式将人力资源部从繁杂的事务中解脱出来,帮助其担当起新的角色。

人力资源管理职能外包不是一个简单的"包出去"工程,它由一系列的步骤来保证外包的决策与执行和预期的战略目标相一致。综合相关的研究成果,对于企业而言,一次完整而有效的人力资源管理职能外包过程至少包括以下步骤:第一步,成立负责机构并统一组织目标。第二步,进行成本效益分析。第三步,进行研究与规划。第四步,拟订外包计划。第五步,确定可能的外包服务商。第六步,起草项目计划书要求并与外包服务商进行谈判。第七步,与最合适的服务商签订一份完善的合同。第八步,与人力资源职能人员及全体人员沟通。第九步,维护与发展合同执行过程汇总的外包关系。第十步,监控服务商的工作绩效及遵守法规的情况。第十一步,信息反馈与监控。

三、人力资源管理信息化

当今,以信息为主导的新经济时代正在有力地加速推着人力资源开发与管理的发展与进步,并直接导致人力资源管理信息化。信息技术正不断渗透到人力资源管理的每一个领域,其不仅提高了企业的经营生产效率,大大降低了交易费用,而且对企业管理方式产生了巨大冲击。

随着互联网技术的广泛应用,企业开始在"电子商务"时代背景下加入全球性的竞争。与以往的人力资源管理相比,信息化人力资源管理建立在企业网络化的组织结构之上,突破了传统管理的边界局限。伴随着企业内外的研究与交流、沟通的扩大,信息技术被全面应用在人力资源开发与管理的各项活动中,如职位空缺的发布、人才搜索和招聘、员工培训、远距离学习等,越来越多的企业正在大量应用组织内部的局域网和全球互联网从事人力资源管理工作。信息化人力资源管理在为企业提供人力资源解决方案的基础上辅助企业制定信息与知识管理系统,在因特网和内部网上获取信息并在组织内部进行有效的信息共享,从而使各种人力资源信息流在企业中得到有效处理和合理共享,创造价值增值。

信息化人力资源管理以企业网络化的组织平台为基础。这种企业平台,打破了过去传统的"科层制管理",面向企业业务处理流程实施管理。采取信息化管理手段,在从事企业的日常人力资源业务方面具有明显的优势。具体而言,信息技术对人力资源管理的影响表现在以下几个方面:第一,信息技术使人力资源管理从烦琐的日常事务中解脱出来,大大提高了事务性、程序性人力资源管理工作的效率。第二,信息化可以使企业实现人力资源与资金流、物流、供应链、客户关系管理等系统的关联和一体化,整合了企业内外人力资源的信息和资源,使人力资源管理真正成为企业的战略性工作。第三,在信息化条件下,未来组织的发展方向主要是建立学习型组织,不断创造知识、应用知识和转移知识。学习与培训成为企业日常工作的一部分。第四,信息技术的广泛应用要求人力资源管理工作人员学会利用信息技术。第五,由于电子信息技术的运用,企业结构由复杂向扁平化过渡,以信息网络为工具的虚拟化工作呈现不断增长的趋势。

四、雇佣关系短期化

非常规性员工的出现使雇佣关系出现了短期化趋势。非常规性员工是指不被看作全日制雇员的临时工、非全日制工人和自我雇用人员。比如,非全日制就业就被各国政府广泛采用。发达国家第三产业在国民经济中所占比例较大,而且为社会生产服务的第三产业发展迅速。大量的信息服务、咨询业以及金融等行业已成为发达国家第三产业的重要组成部分,这些行业大多需要高素质的劳动力,具有弹性工作的特点,适宜采取非全日制工作方式。因此,非全日制就业方式在服务业中集中程度较高。现代科技的应用和生产管理体系的现代化手段创造了日益增多的非全日制就业的工作岗位。在非全日制就业模式下,企业能更灵活地配置劳动力。现代生产手段创造了许多专业化、知识化的就业岗位。社会对劳动力的需求由体力型转向智力型,这就为广大女性特别是知识女性拓宽了就业的道路。非全日制就业模式在西方工业化国家迅速发展。这些国家的非全日制就业占全部就业的百分比不断趋于上升。

非常规性工人的增长对企业人力资源管理也带来了挑战,如非常规性员工对企业的认同度和归宿感问题、工作中的监督问题等。

五、人力资源管理柔性化

在知识经济时代,越来越多的员工,特别是知识性员工不再喜欢严格高压的管理模式,他们有较强的自律性,因此,对他们的管理模式需要做出改变,柔性管理应运而生。所谓人力资源柔性管理,是指在尊重人的人格独立于人尊严的前提下,在提高广大员工对企业的向心力、凝聚力与归属感的基础上,采取信任—指导—感化—自控的方式,在人们的心目中产生一种潜在的说服力,把组织的意志变为员工的自觉行为。

赖特和斯内尔从员工技能、员工行为和人力资源管理实践三个方面出发,对战略人力资源柔性管理进行了诠释。他们认为战略人力资源柔性管理是企业人力资源拥有的员工技能和行为在企业制定战略时能够有选择的能力,也是企业识别、开发和实施能使人力资源内在柔性最大化的人力资源管理实践的能力。人力资源管理方式的柔性化体现在它不依赖于固定的管理模式,会随着时间、空间等客观条件的变化而变化,是一种反应敏捷、灵活多变的人力资源管理模式。

要让员工自觉自愿地将自己的知识、思想奉献给组织,实现知识共享,只能通过柔性管理,使企业与员工的关系发展成为以劳动契约和心理契约为双重纽带的战略合作伙伴关系,并产生信任与承诺,实现个人与组织的共同成长和发展。此外,参与复杂多变的现代市场竞争,员工必须获得独立处理问题的能力和权利,只有通过柔性管理才能提供一个"人尽其才"的机制,才能使组织在竞争中保持优势。

人力资源管理方式的柔性化具有以下特点。

(1)柔性管理是以高素质员工为核心的人力资源管理模式。柔性管理认为,人是管理的出发点和归宿。对内,柔性管理强调关心成员、尊重成员,千方百计调动成员的积极性;对外,柔性管理强调要关心客户,真正树立"客户第一"的价值观。柔性管理要求人力资源的管理和开发要体现"以人为本"的思想,通过激发员工的内在潜力、主动性和创造精神,使他们心情舒畅地创造工作业绩,从而使企业在全球激烈的市场竞争中取得优势。

(2)培育共同的价值观。人是有思想、有感情的,人的行为无不受到观念和情感的驱使。行为科学理论呼吁管理者关心组织成员的感情需要、社会需要,但较多地局限在个体行为上。组织文化理论将重点转移到群体行为上,认为只有成员协调一致地努力,才会使组织赢得成功。但这种协调一致要依赖于共同信守的群体价值观的培育。因此,把最大的精力放在培育共同的价值观上,是是否实施柔性管理的基本标志。

（3）柔性管理以企业内部组织结构扁平化为特征，有助于加强部门之间的相互沟通。

（4）实行育才型领导方式。一般来说，领导方式主要有三类，即师傅型、指挥型和育才型。前两种类型的特点是权力和责任高度集中，而育才型领导则实行分权管理，培养团队精神成为管理者关注的焦点。柔性管理就是需要这样的育才型管理。柔性管理都要求管理者要具有民主作风，尊重人、爱护人、培养人，特别是重视培养共同的价值观，在此基础上发挥团队的作用。

（5）建立灵敏反应的企业员工队伍是实施柔性管理模式的关键。

（6）将刚性管理与柔性管理相结合。科学管理主要依靠刚性管理，而柔性管理则要求刚柔并济、软硬结合。柔性管理是把刚、柔两者有效结合的最佳管理方式。群体价值观、规章制度都是组织文化的有机成分。

六、人力资源管理国际化

随着经济全球化的日趋深入，各国企业与外国企业之间的联系日益密切。企业为了扩大市场份额，纷纷选择国际化扩张。跨国公司要想在所在国市场取得成功有赖于很多因素，比如成功的人力资源战略、营销策略以及决策者的应变能力和对所在国市场的熟悉程度等。归根结底，人力资源管理是决定跨国公司跨国经营成败最关键的因素之一。

与国内公司相比，跨国公司面临着更加复杂的经营环境，包括政治环境、法律环境、经济环境、文化环境等，使得国际化人力资源管理比国内人力资源管理复杂得多。例如，外派员工赴任前的培训、与所在国政府和所在社区的关系、语言的培训和翻译、国际税收、外派人员的家属安置等都是国际化人力资源管理需要考虑的问题。此外，国际化人力资源管理受所在国政府的类型、经济状况及可接受的工商企业运营方式等诸多外部因素的影响。例如，外派员工的薪酬是以所在国的货币作为计价单位的，而本国与所在国货币汇率的变化将影响这些外派员工实际收入的增加或减少。诸如此类的问题都需要国际化人力资源管理加以考虑与协调。因为受更多外部因素的影响,国际化人力资源管理因此会面临更多的风险与挑战。另外,国际化人力资源管理成本要远远高于国内人力资源管理成本,如外派人员的薪酬福利、培训成本、差旅费用等都是相当大的开支。

第二章 新时代的人员招聘与录用

在知识经济时代,人力资源的价值远远超过财力和物力,人力资源特别是人才资源对经济、社会发展的促进作用越来越明显。对于企业而言,拥有一支高素质人力资源队伍是其生存和发展的关键因素。能否识别和选拔企业急需的优秀人才,提供公开、平等的机会以及民主、竞争的环境,让人才脱颖而出,是企业获得可持续发展的关键。尤其是近年来企业人力资源管理环境发生的巨大变化,导致企业在招聘中面临更多风险,并需要支付更大的用人成本,企业招聘的难度不断增大。这迫使企业重新审视、招聘和录用工作。企业在人员招聘过程中必须考虑企业与人员的匹配性,在招聘与选拔人员时要注意选用有效的方式,使招聘与选拔工作既符合企业发展需要,又有相对的成本优势。

第一节 人员招聘的目的、原则及影响因素分析

一个企业在它的发展过程中,有多种原因需要从外部吸收新的员工,于是就要进行招聘。所谓"招聘",是指为了实现企业的经营管理目标和完成工作任务,通过一定的方法和工具考察和筛选,把外部具有本企业所需要相关能力和综合素质的申请人吸收到空缺岗位上的过程。招聘不仅是人力资源管理部门最重要的日常工作,而且成为现代企业宏观层面的总体性、战略性内容。在特定情况下和一定意义上,招聘甚至成为企业生死攸关的最关键、最重大的问题。以下就人员招聘的目的、原则及影响因素进行阐述。

一、人员招聘的目的

盲目招聘、随意招聘都有可能给企业带来多方面甚至是严重的损失。有明确目的的招聘则不仅能为招聘工作的开展指明方向,而且能为检验招聘工作的成功与否提供标准。

招聘的根本目的有两个:一个是填补职位空缺,另一个是实现人才的战略储备或战术储备。战略储备是指为了企业的长远发展目标而提前储备人才。比如,某个追求全球化经营的公司,在尚未走出国门之前就开始有意识地招聘和储备国际化人才。战术储备是指目前企业还没有出现职位空缺,但根据年度内正常的人才离职(包括主动离职——跳槽,自然离职——退休,以及被动离职——辞退),而提前招募和培养相关人才。

一次好的招聘活动不仅可以招聘到相应人员,还可以实现很多其他目的,如以下几点。

(1)提高企业的核心竞争力。21世纪,企业的竞争就是人才的竞争。在信息和交通还不发达的年代,企业生产出来的产品只能辐射周边地区,随着经济的发展和科技的进步,企业的产品可以销售到更远的城市和其他国家。当传统技术被新科技取代的时候,人才越来越成为企业竞争的焦点。人力资源是企业核心竞争力的决定性因素,现代企业竞争的实质就是人力资源的竞争。只有企业拥有高技术含量的产品,才能满足客户日益增长的消费需求,而这些都需要有人才做支撑才可能实现。很多企业不重视企业招聘,对招来的员工也不进行系统的岗前培训,致使很多员工的潜能没有得到开发。可以肯定,未来的竞争,谁拥有人才,谁就拥有核心技术,也就有了竞争优势。招聘工作作为企业人力资源管理与开发的基础,一方面关系到企业人力资源的形成,另一方面影响企业人力资源管理与开发其他环节工作的开展,最终为企业核心能力的形成提供保障。

(2)调节人才结构。企业中的人才结构包括年龄结构、性别结构、专业结构、国别结构等。如果人才结构不合理,就会引发一系列问题。例如,一个部门里的员工年龄普遍偏大,就有可能冲劲不足;一个部门里的女性偏多,那在需要出差(特别是到条件非常艰苦的地方)、突击加班的时候,就不容易找到合适的人。

(3)增强企业内部凝聚力。有效的招聘,可以使企业更多地了解应聘者到本企业工作的动机与目的,招聘到与企业发展目标趋于一致并愿意与企业共同发展的人,增强企业的内部凝聚力。

(4)发挥员工的潜力。合理流动会使员工感受到新岗位的压力与挑战,刺激员工内在潜能的发挥。人才流动是劳动力市场上常见的现象,从市场角度而言,合理的人才流动有利于社会人力资源的优化配置。从个人角度来说,改变工作环境、工作内容,有助于实现自身能力的最大发挥、利益的最大化,它其实也是一种人力资本的投资行为。劳动者为了在今后相当长的时间内获得收益而在早些时候承担这种投资的成本。从企业的角度来说,正是人才的流动使它能够在适当的时间得到它所急需的专门人才。一个有效的招聘系统,应该能够通过促进员工合理流动,使员工的潜能得以充分发挥,使社会、企业的人员得到优化配置。

(5)宣传企业及其产品,扩大企业知名度。招聘工作涉及面广,企业在利用各种媒介和渠道发布招聘信息的同时,扩大了企业的知名度。很多企业都借助震撼人心的高薪、颇具规模和档次的招聘形式和过程,来表明企业对人才的渴求和企业的实力。伦敦商学院教授查尔斯·汉迪曾提到,今后,我们将不再"寻找工作",而是要"寻找雇主"。这里提到的"寻找雇主",就有了"雇主品牌"的效应。雇主品牌可以视作企业品牌的子概念,它突出的是雇主与雇员(企业与员工)之间的情感和关系。这种情感和关系已成为一种招揽优秀人才、提升企业形象的纽带。越来越多的企业开始注重雇主品牌推广。近年来,校园招聘的目标不仅仅是招到一定数量的毕业生,更多的企业开始通过校园招聘树立雇主品牌形象,通过这种形象的树立和强化,企业也为未来的人才竞争奠定良好基础,因为现在的大学生数年后就会成为人才市场的中坚力量。雇主品牌好,会吸引更多的毕业生选择本公司求职,这样就有机会招到更合适的人才。宝洁公司每年10月份前后"开锣"的校园招聘,已经成为一个声名显赫的"金字招牌",在促进公司业务发展的同时,又有效地宣传了公司独特的人才理念和品牌形象。

此外,招聘还有履行社会义务的目的。组织的社会义务之一,就是提供就业岗位,招聘正是组织履行这一社会义务的过程。

二、人员招聘的原则

任何企业和用人单位,无论招聘多少人,也无论招聘工作由谁完成,只有坚持一定的原则,才能确保整个招聘工作有效开展。

(一)合法原则

在招聘过程中,企业应严格遵守《中华人民共和国劳动法》(以下简称《劳动法》)及相关的劳动法规。例如,录用条件中的劳动者就业年龄应符合法定劳动年龄,不得招用童工;不适合女性从事劳动的工种岗位,不得招用女性;对女性劳动者、某些病源携带者等不得有歧视条件。合法还包含合理公平,如不得对女性劳动者提出某些干涉其人身自由如婚姻状况的录用标准等。

(二)前瞻性原则

随着人力资源管理战略地位的提升,招聘的任务不再是简单地获取能够填补岗位空缺的人员,而是要获取企业赖以生存和发展的战略资源。招聘员工既要考虑其现实能力,又要考虑其潜力。现实能力是已有知识与能力的体现。当代经济的特征就是环境变化快,未来不确定性大,有短期行为倾向的企业或者部门,需要聘用现实能力强、来了就能干的员工。譬如为了击败竞争对手可口可乐公司,与竞争对手不同,百事可乐公司倾向于招聘有经验的员工。潜力也就是人类原本具备却没有使用的能力,也就是存在但却未被开发与利用的能力。员工的潜力取决于学习能力和适应能力。稳定的和成长型的企业,应该有长远计划,多聘用有潜力的年轻员工。也就是说,在招聘过程中,企业不仅要关心人员能否胜任当前的工作,而且要关注企业的长远战略规划,关注人员能否有助于企业战略目标的实现。企业必须从战略高度制定人力资源规划,并依此制订切实可行的招聘计划,以指导招聘工作,减少招聘的盲目性,提高招聘工作的效率。华为对招聘计划及招聘实施的管理非常科学规范,其规定用人部门必须加强人员招聘的计划性和前瞻性,所招聘的岗位必须包含在部门的用人计划中。招聘计划的最终输出,即所有招聘岗位均要经过华为人力资源招聘调配部的复核及人力资源部总裁的审批。对于计划外的岗位,部门必须单独进行申请。

(三)"三公"原则

"三公"是"公开、公平、公正"的简称,"三公"原则就是在招聘过程中应做到信息公开、竞争公平、选拔公正。通常来说,在具体操作中,招考的单位、种类、数量,报考的资格、条件,考试的方法、科目和时间等与招聘相关的信息需要面向社会公告,公开发布人才需求。

在招聘选拔中,对所有报考者应当一视同仁,不拘一格地选拔、录用各方面的优秀人才。常见的不平等选拔现象有几种。一是性别歧视。目前,限制性别的招聘广告依然比比皆是,其中主要是拒绝女性求职者。有些企业招聘广告中虽然没有完全拒绝某种性别,但也会出现某种性别优先的字样。还有的企业虽然招聘广告上没有性别限制,但是到了面试阶段仍然会出现"重男轻女"的现象。二是年龄歧视。在招聘广告中,时常可以看到有关年龄的限制性条件,如一般对女性的要求在30岁以下,男性在35岁以下等。求职者一旦到了40岁以上,就很难再找到合适的工作。三是容貌歧视。一些招聘广告上会有对招聘人员的容貌要求和身高要求,如容貌端庄、身高1.70米以上等,使不少有才华、有志向的人才因为相貌原因无法找到理想的工作。此外,还有姓名歧视、籍贯歧视、血型歧视、肝炎歧视等。

(四)能级匹配原则

招聘应该本着因职选人、因能量级的原则,既不可过度追求低成本造成小材大用,也不可盲目攀比造成大材小用。小材大用会导致贻误工作,而大材小用则会导致学历虚高或人才高消费。员工招聘要遵循职位的要求,如果应聘人员的条件远远超过职位的要求,那么其在今后的工作中可能就没有发挥自身潜能的舞台,个人的才华无法施展,积极性会受到打击,导致工作的不稳定性提高。如果应聘人员的条件远远低于职位的要求,那么可能造成人心涣散,组织的凝聚力和竞争力都会受到影响。例如,企业需要一位会记账的会计,招聘一位有会计证并有一定工作经验的普通员工就可以了,如果一位高级会计师来应聘这个职位,就算招进来也做不太长久,因为每个人都要考虑自己的职业生涯发展,如果没有施展能力的舞台,那么越是有能力的人就越会选择跳槽。

人力资源部门在招聘工作中应该清醒地认识到,招聘员工不一定是去挑选最优秀的,而应该去挑选最适合企业的员工。

(五)差异化原则

差异化原则,要求根据人员与企业战略关系的密切程度和重要程度,将企业人员分成不同的种类,针对不同类型人力资源的不同特点以及对企业的重要程度,分别采取不同的招聘方法和策略。对此,应该适度地容纳具有不同观点的人。由于不同的经历和所受教育的差异,人们对事物的看法肯定是不完全相同的,公司在招聘员工时必须认识到这一点。经营者一定不能将与自己观点不同的人一概排除在外。有一两个抱着反对态度的人并不是件坏事,公司若能适度容纳具有不同观念的人,不但不会影响到业务的开展,反而会有利于业务活动的顺利进行。

(六)突出核心员工原则

企业核心员工就是指那些掌握企业核心技术、从事企业核心业务、处在企业核心岗位,对企业生产经营有着重大影响力或决策权的,理解与实践企业核心价值观的员工。他们代表了企业所拥有的专门知识、技能和能力的总和。企业人力资源管理开发的重点是核心员工,在招聘过程中同样如此,即将招聘重点放在那些对企业具有长期使用价值的员工身上。而对一些非关键岗位或职位,或一些企业难以招聘到的专业技术人员,则可以考虑外包或与人力资源代理经纪公司签订合同,通过雇佣临时性工作人员的方法解决。

(七)全面考察原则

全面考察原则即尽可能地采取全方位、多角度的评价方法,通过对申请者的上级、下级、平级同事及其直接或间接服务的客户进行德、能、勤、绩等方面实事求是的调查,客观地衡量申请者的竞争优势和劣势及其与职位、企业间的适宜性。也就是说,要全方位、多角度地考察应聘者,不仅要看他的学历、专业,还要深入了解求职者的工作经历与背景,从其职务的变动、所从事的主要工作、个人学习成长和培训经历、工作成果等多方面、分层次地对求职者进行考察,确保所招聘员工的特长和优势与企业的现实职位需要、企业需要和员工自身的长期发展要求相适应。

三、人员招聘的影响因素

虽然影响招聘的因素有很多,但从来源看不外乎企业内部、企业外部和求职者个人三方面因素。这些因素制约和影响着应聘者的来源、招聘方法、招聘标准、招聘效率等。

(一)企业内部因素

1. 企业的经营状况与发展前景

从企业规模来看,良好的经营状况和发展前景意味着市场对企业产品的需求增加,企业便会扩大生产规模,对劳动力的需求也会随之增加。从小的方面来讲,企业经营状况的好坏在较大程度上决定着员工的工资水平。从大的方面来讲,企业的经营状况决定了一个企业在同行业中的竞争地位,也是吸引求职者的关键因素。智联招聘发布的《第十届中国最佳雇主调查报告》显示,90后大学生毕业后的就业选择更多考虑职业发展前景,一些毕业生对于不称心的工作宁愿选择失业或继续深造。作为就业新生代的90后人群,在择业时对于就业前景要求普遍偏高,而且他们更注重行业的发展前景。经营状况不佳或发展前景不好的企业,招聘工作比较难展开。

2. 企业的地理位置

企业所处的地理位置在很大程度上影响了求职者的就业意向。2018年11月21日领英(LinkedIn)发布了《2018年轻职场人城市流动趋势洞察》,相比70后和80后,90后和95后年轻一代在城市间的流动更加频繁,一线城市仍是他们职场起步的首选,最具吸引力的前五座城市分别为深圳、杭州、北京、上海和广州。对于经济落后地区,如新疆、西藏、甘肃,即使有好岗位,一些大学生也不愿意去。经济越发达的地区越容易吸引与招聘到优秀的人才,而经济不发达的地区,人才严重匮乏,招聘优质人才较为困难。

3. 企业文化和企业声望

企业文化是企业中全体成员所认可和接受的共同价值观和行为准则的聚合,一旦形成就会对成员既能起到激励作用又能起到约束作用。很多公司越来越关注求职者的那些"软性"特征,即求职者如何与企业的文化融合得更好。这些"软性"特征可以表现在员工不论在哪里都能接受新观念,在任何学习的环境里都有激情,并能够代表公司的文化特征,如果不符合公司的文化要求、价值理念,即使那些业绩好的员工也要离开去其他公司。优秀的管理者恰恰是这种基于对"价值匹配"(超越了能力和责任的匹配）的坚持，为公司赢得了赞誉和突出表现。很多时候，管理层能做的最多的事情就是使员工理解公司的文化和方向，对于那些不认可核心价值观的人，最终将不得不采用离职的手段。在当代企业发展中，软性特征已经开始变得重要了。组织持续快速的变化已经改变了高级主管需要的技能组合，由于组织的层级减少、组织重组更加国际化，要求主管们必须能够让由不同技能、不同天分的人组成的团队有效工作。这就需要他们在软性特征方面，不仅是简历优秀，而且和客户的组织文化相适应上表现出更强的实力。

不同的企业文化会导致不同的招聘行为。例如，有的企业很注重培养内部和谐的人际关系，有的企业很重视职工的合理化建议。企业内部招聘这种形式，从人才测评技术应用、企业形象传播作用来说，并不比外部招聘复杂、深入。但是，和外部招聘一样，内部招聘也会对企业文化形成宣导作用，其企业文化影响更为直接。吉姆·柯林斯在《基业长青》中提到，优秀的公司都注重从内部提拔管理者，因为这些管理者更容易理解和传承公司的文化。因此，内部招聘往往能体现一个企业的人才管理水平。一个企业在实施人才管理时，特别是在内部招聘时，组织规则是否鲜明，是否能够作为顶层原则发挥作用，也是检验其企业文化的关键点。内部招聘如果破坏了员工的存在感、进化感、公平感，就会造成企业文化的"破窗效应"。

可以说，企业文化是能否吸引较多求职者的重要因素，也是招聘双方进行双向选择时重点衡量的内容。

企业声望由许多因素构成，如员工待遇、产品服务质量、企业参与社会事务的态度等。一些毛遂自荐的随机求职者，他们往往是被企业的声望所吸引，主动提出工作申请，所以也更容易受到激励。企业应该对他们有足够的重视，对他们进行面试并保留他们的简历等信息。

4. 企业管理队伍的素质

随着企业人力资源管理被提升到战略的高度以及人力资源

管理内容本身的复杂化,企业对人力资源管理者的素质也提出了更高的要求。作为企业的人力资源管理者应具备优秀的人格品质、健全的心理素质、合理的知识结构、良好的管理能力等。企业管理人员的素质和水平越高,相应地,企业的管理水平就会越高,从而对招聘工作的重视程度以及招聘工作的规范程度就越高,招聘的效果也就越好。

5. 企业的薪酬水平

为了吸引优秀的人才来应聘,很多企业提出了诱人的政策,包括较高的工资福利等物质待遇。报酬是对人们付出劳动的补偿,在一定程度上体现了一个人的自我价值,是对一个人劳动的认可。因此,高薪实际上是个人能力的一种体现。优秀的人才供不应求,价格自然要高。对于应聘者来说,如果对企业给出的薪酬不满意,则一般不会接受企业的邀约。因此,企业要吸引优秀的人才,就应该支付高薪。由此可见,企业的报酬及福利待遇水平高低是影响企业招聘工作的一个重要因素,不能忽视。

6. 招聘成本

不同的招募渠道、不同的招聘信息发布方式、不同的选拔方法需要的时间周期不同,花费的成本差异很大。因此,企业可用于招聘的资金是否充裕将影响上述工作的效果,并最终影响招聘的效率与效果。招聘资金充足的企业在发布招聘信息时,可以花较多的费用做广告,可以选择更多或更准确的选拔方法,更广泛地调查求职者的背景等。这样,就可以在更大范围内更准确地选择所需要的人员,提高招聘的准确率。

7. 企业提供的发展机会

一个企业是否能吸引优秀人才,和这个企业能否给人才提供发展机会有关。发展机会可以使员工在人格上和专业技术等方面得到迅速的发展和提高。一个企业若能为员工提供发展机会,更能吸引和招聘到优秀人才,并使其在企业中长久地工作。

(二)企业外部因素

1. 外部人力资源市场

外部人力资源市场影响企业招聘的具体因素主要有以下几种。

(1)人力资源供给状况。外部人力资源市场的人力资源供给状况对企业招聘的影响表现在人力资源的数量和质量两个方面。一方面,如果某地区或行业具有一定质量的某种人力资源,且数量丰富,企业该种人力资源的供给一般就会相对充足,招聘工作也会进行得比较顺利;反之,则可能导致企业该种人力资源供给不足,对外招聘活动比较难展开。

(2)人力资源价格。在人力资源市场上,某种人力资源的价格几乎决定于该种人力资源的供给与需求关系。在企业技术构成基本不变的情况下,每当某种人力资源价格上扬时,企业对该种人力资源的需求就会受到抑制。

(3)人力资源市场的成熟程度。成熟而完善的人力资源市场可以为企业和求职者提供完全的信息,降低企业在招聘中的成本和风险,提高求职者的应聘成功率。人力资源市场越成熟,企业就越倾向于从外部招聘员工。

(4)人力资源市场的地理区位。由于地理区位不同,人力资源市场上人力资源的供给状况和类型也不同。企业招聘不同素质要求的人力资源应该选择合适的人力资源市场。

2. 宏观经济状况和行业性质

宏观经济状况和行业性质对企业招聘的影响主要表现在以下两个方面。

(1)宏观经济状况。宏观经济状况良好,意味着社会失业率较低,企业的劳动力需求旺盛,人力资源市场上的人力资源供给相对较少,市场竞争加剧,企业招聘的难度加大;反之,招聘则相对较容易。国内生产总值(GDP)通常作为一个国家或地区经济总量的最主要指标,显然,在其他条件不变的情况下,GDP 越高,对劳动力的需求量越大。反之,在经济衰退时期,投资和生产规模就会相应压缩,失业人口也会随之增加。

(2)行业的性质。通常情况下,传统行业里的企业对人力资源质量的要求不高,招聘工作容易展开。而一些新兴行业里的企业多属于技术密集型企业或知识密集型企业,对人力资源的质量要求较高,人力资源供给相对匮乏。

3.国家的政策、法规

国家的政策、法规从客观上对于企业的招聘活动进行了限制。例如,有不少国家的法律规定企业在进行招聘时不能对申请人的性别、年龄等进行歧视。企业的招聘必须在国家相关的政策法规规范下进行。国家对招聘活动的影响还表现在对劳动就业保障的宏观管理上。

4.社会的科技发展水平

随着科学技术的发展和社会的进步,低科技含量的传统职业或岗位相应减少甚至消失,而一些高科技含量的新兴职业或岗位则不断出现。技术进步带来流程的再造或自动化,进而导致人员需求数量的减少。

(三)求职者个人因素

1.求职者的求职动机和强度

每个人的求职动机是不同的,有的图稳定,有的图收入高,有的图离家近,有的图升职快;有的是因为能学到东西,有的是因为公司名气大、有面子,等等。求职者的求职动机和强度决定了求职者对所应聘职位的渴求程度。虽然求职者的求职动机和强度会受到诸如个人背景和经历以及个人财务状况等因素的影响,但总体而言,求职动机强度高的应聘者更容易接受企业的应聘条件,求职成功率高,反之求职成功率低。在招聘人才的时候,就要尽量提供给应聘者适合他本身意愿的工作岗位,那么他们就能够自动、自愿、自发地做好本职工作。所以企业要正确评估求职者的求职动机,以免一言定论好与坏,影响选人的策略与效果。

2. 求职者的经济压力

求职者的求职动机与经济压力之间成正比关系。在职人员求职动机远比没有工作的人小,面对工作机会更为挑剔。研究也表明,人们每星期找工作的次数与无工作时的收入之间成反比关系,即没有工作收入的人员,每星期找工作的次数更多。此外,求职者的个人经历、家庭条件等也决定了其经济压力的大小,进而影响企业的招聘。

3. 求职者的工作经验

有工作经验已经成为很多单位招聘的一项重要标准。一般来讲,接受过多种专业训练或有着多年相关工作经验的求职者,对职位的要求会高于没有相关经验和技能的求职者。

4. 求职者的职业期望

每个求职者都有自己的职业期望,有的人期望高一些,有的人期望低一些。这些期望都会影响求职者的择业,进而影响企业的招聘。所以企业的招聘必须了解求职者的职业期望,看他是否有一个明显的职业锚,与企业的发展需求是否一致。

第二节 人员招聘的渠道比较与选择

一、人员招聘的渠道

招聘渠道是获取职位候选人的途径。当企业岗位产生空缺之后,填补空缺人员的渠道主要有两种:一种是从内部人员中选拔、调整;另一种是从企业外部引进。因此,根据所招聘人员的来源不同,企业招聘可以分为内部招聘和外部招聘两种渠道。两种招聘渠道又表现为多种方式和方法。不同的招聘渠道能够满足企业对人才的不同需要,企业在招聘的过程中应具体问题具体分析,根据自身的需要来确定招聘渠道。

（一）内部招聘

内部招聘是招聘的一种特殊渠道。大多数企业在出现岗位空缺时,首先考虑在内部进行人员调配。内部招聘的方式主要有内部晋升、内部调用、工作轮换等。各种方式又可以运用不同的方法具体操作。

1. 内部晋升

内部晋升是指将组织内部符合要求的员工从一个较低职位调配到较高职位上。该方式可以通过多种方法实现,如主管推荐、岗位公示、组织数据库、职业生涯开发系统。

（1）主管推荐。主管推荐是指由用人部门的主管人员推荐填补本部门职位空缺人员的一种方法。这种方法可以使主管有更多挑选自己下属的自由,鼓励了主管选人、育人的积极性。同时,主管所处的位置使他们比较了解岗位的能力要求和潜在候选人的能力、晋升愿望,可以较快寻找到合适人选。但是,这种方法也容易受主管主观因素的影响。

（2）岗位公示。岗位公示是将空缺岗位的职位描述、薪酬等级、任职资格等发布公告,让全体员工知晓,所有具备资格的员工都可以申请该岗位的一种内部招聘方法。这也是内部招聘最常用的方法。这种方法的优点是让各类员工都知道岗位空缺,发现可能被忽视和埋没的人才,鼓励员工对自己的职业发展负责。这种方法还符合现代管理倡导的开放交流、平等竞争思想。岗位公示成功的关键是公平、公开和公正。公示的内容应该详细、全面,覆盖面广,让所有求职者都知晓招聘的所有相关信息。但是,这种方法花费的时间较长,可能使空缺岗位较长时间保持空缺,影响正常工作的开展。

(3)组织数据库。运用人力资源信息系统,了解现有人员的背景、知识、技术、能力、职业规划等信息,通过将这些信息与空缺岗位要求比较,寻找到合适的候选人。这种方法的最大优点是速度快并且比较经济,前提是需要企业建立完善的人力资源信息系统,并且信息能够及时更新,全面、及时地反映组织中每个员工的现实状况。

(4)职业生涯开发系统。职业生涯开发系统是为具有较高潜质的员工设立职业生涯的"快车道"。通过有目标地培养和训练,使他们能够适应特定的目标岗位。这种方法能够留住高绩效、有潜质的员工,同时可以确保企业出现空缺岗位时随时都有填补该岗位的人选。但是,这种方法也可能会让没有被培养的员工产生不满情绪。

2. 内部调用

内部调用是指内部员工在相同层次岗位之间的调动,这是较常见的内部人员配置形式。例如,把员工从前台接待岗位调到办公室担任内勤,把区域经理从一个区域调到另一个区域任职。内部调用不仅能够填补空缺岗位,而且可以有效缓解晋升岗位的有限性带来的矛盾。

3. 工作轮换

工作轮换是指企业有计划地按照大体确定的期限,让员工轮换担任若干种不同工作。工作轮换的目的是填补空缺,但实际上它还起到许多其他作用:第一,它能够有效减轻企业产生的压力和员工对工作的不满、疲惫情绪。第二,它能够给员工带来新鲜感。第三,它能够不断激发员工学习的热情。第四,它便于内部员工了解企业内其他部门的工作,与更多的人员有较深的接触、了解。这种"内部跳槽"式的人才流动,为人才提供了一种可持续发展的机遇。

(二)外部招聘

由内部招聘获得人员,并不能从根本上解决组织内部劳动力短缺的问题。尤其是当组织处于创业时期、快速发展时期或需要特殊人才时,仅有内部招聘是不够的,必须借助外部劳动力市场。因此外部招聘也是重要的人员招聘渠道。根据渠道和媒介的不同,外部招聘分为广告招聘、网络招聘、内部员工推荐、职业介绍机构招聘、猎头公司、校园招聘、求职者自荐、以往员工的重新招聘等多种方法。

1. 广告招聘

广告招聘是指利用报纸、杂志、电视和广播等发布招聘信息,吸引合适的求职者前来应聘的一种招聘方式。一方面,广告招聘可以很好地建立企业的形象;另一方面,信息传播范围广、速度快,获得的应聘人员的信息量大,层次丰富。

企业在选择刊登广告的媒体时,首先,应考虑媒体本身承载信息传播的能力,表2-1列出了不同类型媒体招聘广告的优缺点。其次,广告的覆盖范围大小各不相同,企业应该考虑是选择全国性广告还是区域性广告。最后,应该考虑媒体的定位。各种传播载体都有其特定的消费群定位,因此企业应该根据招聘人员的媒体消费特征选择其最可能接触的媒体。例如,招聘计算机专业技术人员,最好选择计算机专业杂志、报纸等,如《计算机世界》《电脑报》等。若招聘职业经理人,可以选择如《企业家》《中外管理》等适合经理人员的媒体。此外,要考虑到媒体的相关集中度。求职者在搜寻职位时,往往集中关注传播职位招聘信息量较大的媒体,以便选择、比较。因此,企业在选择招聘媒体时,应该注重招聘信息相对集中的媒体。

表 2-1　不同类型媒体的招聘广告优缺点①

媒体	优势	缺陷
广播电视	可以产生有较强冲击力的视听效果	广告的时间较短；费用一般比较昂贵；缺乏持久性
报纸	发行量大；能够迅速将信息传达给读者；广告的大小可以灵活选择	发行的对象比较复杂，保留的时间较短，报纸的纸质和印刷质量可能对广告设计造成限制
杂志	接触目标群体的概率比较大；便于保存，能够在较长时间内被看到；纸质好	申请职位的期限比较长；发行的地域可能较分散；广告的预约期较长
互联网	不受时间、空间限制；方式灵活、快捷、成本不高	限制不会上网的潜在候选人
印刷品	容易引起应聘者兴趣，并引发他们的行动	宣传力度比较有限；有些印刷品可能被人丢弃

2. 网络招聘

网络招聘是指通过计算机网络向公众发布信息，求职者通过网络寻找工作的过程。网络招聘宽广的范围和快速的反应能力给招聘双方带来了极大的便利，使得招聘双方能跨越空间距离和时间限制，当然，它也产生了更多的新问题。网络招聘要面对的第一个问题是数目众多的申请者；对一些特殊群体如低收入群体和偏远地区、不会使用网络的群体等客观上会产生一定的限制，而这些人群中可能也会有合适的人选。尽管网络招聘存在着上述问题和缺点，然而其便利性和快捷性使得网络招聘必然会继续开展下去并不断得到改进和完善，网络招聘的前景也十分广阔。

3. 内部员工推荐

内部员工推荐是指当组织出现岗位空缺时，由组织内部员工介绍合格的朋友或亲属的一种方法。这是一种传统的招聘方法，很有效，目前被企业广泛应用。例如，美国微软公司的开发人员

---

① 王慧敏.员工招聘[M].北京：清华大学出版社，2015：78.

就有30%是通过内部员工推荐到公司的。英特尔非常鼓励员工推荐优秀的人才给公司,如果推荐了非常优秀的人,这个员工还会收到公司的奖金。当然,如果因为人情招了不适合的人,决策者会负一定责任。推荐者对企业的岗位要求和所推荐的员工均很了解,可以事先进行员工和岗位的匹配分析,较为准确地判断出二者是否"合适"。内部员工推荐的人员一般比通过其他方式招聘到的人员表现更好,而且在企业中工作的时间更长。同时,内部推荐者出于个人声望和地位的考虑,他们往往会努力举荐那些高素质的求职者,并主动承担起一部分培训和控制工作,使新员工能更适应岗位要求。因此,企业通常鼓励员工推荐以获得优秀人才。例如,一些企业向推荐者提供津贴或奖金。但是,内部员工推荐不符合公平原则,求职者不具有平等竞争的就业机会。内部推荐还容易造成裙带关系和形成非正式群体。

4.职业介绍机构招聘

职业介绍机构是指专门为企业获取人力资源和为求职者寻找工作提供服务的机构。这些机构承担着双重角色:既为企业择人,也为求职者择业。借助这些机构,企业和求职者均可获得大量的信息。这些机构通过定期或不定期举行交流活动,为双方提供面谈机会,缩短了招聘双方所花费的时间。我国的职业介绍机构主要有各类临时的劳务市场、固定的劳动力介绍机构、各级各类人才交流中心等。人才交流中心和劳务市场招聘的优点是费用低廉,应聘者范围很广,很难形成裙带关系,招聘所需的时间较短;而缺点是企业对应聘者的情况不够了解,加上有些职业介绍机构鱼龙混杂,应聘者素质的可信度不高。

5.猎头公司

猎头公司是一种与职业介绍机构类似的职业中介机构。但由于它们有特殊的运作方式和特殊的服务对象,又经常被看作一种独立的招聘渠道。猎头公司专门为雇主物色和推荐高级管理人员和高级技术人员。高级人才不会出现在熙熙攘攘、人头攒动的招聘市场,他们大多属于静待机会主动敲门型,就像一群职场"隐形人"。猎头神秘面纱的背后,是一个偌大的隐形人才市场。例如,光辉国际的人才库就包揽了商界、政界甚至军界高级人物的信息。如此强大的隐形人才库,就是猎头公司缔造出来的。

6. 校园招聘

向社会提供各种教育程度的毕业生是教育机构的责任之一。因此,教育机构也是企业获得人力资源的重要来源。教育机构类型众多,有初中、普通高中、职业学校、中等专科学校、高等专科学校、普通高等学校以及研究生院。各类学校的毕业生在技术、能力、知识水平方面差异很大,企业可以根据不同的职位选择各类不同等级的教育机构进行招聘。在选择学校时,企业要根据自己的财务约束和所需要的员工类型来进行决策。如果财务紧张,可以在当地的学校中筛选,如果实力雄厚,则可以在全国范围内进行选择。

大学校园是专业人员和技术人员的重要来源,同时,也是企业获得潜在管理人员的一条重要途径。不少公司为了更好地吸引大学毕业生来公司求职,纷纷开展宣传攻势,并为大学生提供接触公司的机会。例如,IBM 公司为了做好这一工作,他们确定了一定数量的重点学校,并派出高水平的经理人员与学校的教师和毕业分配办公室保持密切的联系,使学校能及时了解公司存在的职位空缺以及最适合公司要求的学生的特征。腾讯公司一般在 3 月份启动实习生项目招聘,开放多类技术、产品等岗位,主要面向下一年毕业的学生,在全国多个城市展开实习生招聘活动。

校园招聘的优点是招聘的新员工年轻、富有朝气、善于接受新知识、可塑性强;但是招到的人员一般都没有工作经验,花钱较多而且很费时间,如果事先不做充分的准备,很容易给企业带来负面影响。因此,校园招聘要求事先做好周密的设计,制订好时间表,准备好公司宣传手册,对面试做好记录。表 2-2 是校园招聘面试记录表的范例。

表2-2　校园招聘面试记录表①

姓名：			时间：		
学校：			地点：		
将取得的学位及日期：			专业：		
已取得的学位及日期：			专业：		
申请职位：1.　　　2.　　　3.					
工作地点：1.　　　2.　　　3.					
考察因素					
仪表言谈：外表、态度、谈吐、礼貌	1	2	3	4	5
机智：反应灵敏、表达充分	1	2	3	4	5
独立性：独立思考能力、情感成熟、影响和感染他人的能力	1	2	3	4	5
激励方向：兴趣与职位符合、进取心、激励可能性	1	2	3	4	5
教育：所学的课程与工作的配合程度	1	2	3	4	5
合作精神：与他人的配合、沟通、尊重他人	1	2	3	4	5
实践经验：以前实践经验对职位的价值	1	2	3	4	5
面试考官评语及录用意见： 总体评价：1　　2　　3　　4　　5					
面谈考官签字：　　　　　　　　　　　日期：					

7. 求职者自荐

求职者自荐是指在企业没有发出招聘信息的情况下，通过求职者自己主动递交或寄送求职申请推荐自己并进入企业工作的一种招聘方式。求职者自荐有利于降低招聘成本，但是求职者的随机性大，合适人选不多，而且由于求职者需要等待的时间较长，当岗位出现空缺时可能他们已经找到了其他合适的工作。

8. 以往员工的重新招聘

以往员工的重新招聘是指将已经离开本企业的原本企业职

---

① 王国颖，陈天祥.人力资源管理[M].5版.广州：中山大学出版社，2016：130.

工重新招聘到本企业工作的一种方法。该渠道与其他外部渠道相比,用人单位对这些求职者的情况比较了解,求职者对用人单位的工作程序和组织文化也比较熟悉,可以避免招聘的失误和节省新员工培训费用。许多公司将离职员工视为宝贵财富,并和他们保持联系。例如,美国微软公司就建立了一种"员工重聚"的制度,长期与离职的员工保持联系,当公司需要人员时就可以重新招聘他们。

二、人员招聘渠道的比较

(一)内部招聘的优缺点

(1)内部招聘的优点:第一,内部招聘对员工是一种激励。内部招聘使员工在企业中有安全感,有发展前途,从而有利于培养员工的归属感,对企业更加忠诚,激发员工的工作积极性,促进员工潜能的发挥。第二,内部招聘降低了人力资源成本。第三,内部招聘的人员适应性更强。他们熟悉本企业的管理模式、组织文化,因此需要的适应期较短,需要的培训较少,能够更加容易和快速适应组织环境和新的岗位。第四,企业和求职者之间的信息是对称的,企业对求职者的工作态度、素质能力以及发展潜力等方面有比较准确的了解和把握。

(2)内部招聘的缺点:第一,内部招聘受到内部候选人的限制。第二,内部招聘不利于企业创新。内部人员长期处于一个相对封闭的环境中,观念、文化、价值观彼此认同,容易形成"近亲繁殖",不利于新观点、新思维的产生。第三,内部招聘可能会影响员工的积极性。内部招聘的竞争性容易造成组织内部的不团结,增加组织不必要的内耗。第四,内部招聘还可能形成企业内部的利益群体,出现拉帮结派的不良现象。

一次有效的内部招聘至少应该具备三个特征:一是通过此次内部招聘活动,把最合适的人选安排在企业的空缺职位上;二是通过此次内部招聘活动,能够有效地激励员工,提高员工的工作士气;三是通过内部招聘活动,空缺岗位能够及时被填补,实现企业的可持续发展。为了做到这三点,企业必须要加强内部人才储备,选好储备的重点岗位,建立储备人员个人档案;制订完备的职位说明书;完善企业内部招聘制度;对储备人员开展针对性的培训;加强内部招聘中的沟通。

(二)外部招聘的优缺点

(1)外部招聘的优点:第一,外部招聘是一种有效的与外部进行信息交流的方式,企业可以借此树立良好的外部形象。第二,新成员的加入,可以给企业带来不同的价值观和新观点、新思想、新方法。第三,根据"鲶鱼效应",外聘人才的进入无形之中可以给企业原有员工带来压力,从而激发他们的斗志和潜能。第四,外部招聘的人才来源广,挑选余地大,能招聘到许多优秀的人才。

(2)外部招聘的缺点:由于信息不对称,往往造成筛选难度大,成本高;外聘人员往往需要花费较长时间来进行培训和定位;外部招聘还会使内部胜任该职位的人员感到不公平,容易产生不满情绪。

企业采用外部招聘的渠道时,首先要努力降低招聘中的信息不对称程度,应科学测评,全面考察;引入"试用期";提高招聘人员自身素质。其次,企业要努力营造和谐健康向上的企业文化,以便让外聘人员尽快融入企业集体。

归结起来,内外部招聘的利弊分析如表2-3所示。

表 2-3　内外部招聘的利弊分析[①]

分类	优点	缺点
内部招聘	·降低招聘成本 ·节省招聘时间 ·提高招聘的准确性 ·提供给员工更多的发展空间 ·所招聘的员工能迅速适应岗位	·可能引发内部矛盾 ·过多采用内部招聘,可能使企业失去活力 ·招聘选择范围有限,可能影响招聘质量
外部招聘	·能够带来新的思维方式和工作方法 ·招聘选择范围广 ·能够带来良性竞争 ·能够提升企业形象	·招聘成本较高 ·招聘复杂度较高 ·新员工可能会水土不服 ·招聘风险较高 ·可能打击内部士气

三、人员招聘渠道的选择

外部招聘和内部招聘各有千秋,不能笼统地说一种方式比另一种方式好。对于要在激烈的人才竞争中获得发展的企业来讲,应从企业自身的实际情况出发,系统分析人才的市场状况、相关人才的政策和法规、行业的人才状况和薪资水平等外部环境,综合考虑外部招聘和内部招聘的优缺点,选择符合自身特点的招聘渠道和方法。选择一个好的招聘渠道应该从传播效果、目标受众和招聘成本三个方面来考虑。

(一)传播效果

好的招聘渠道首先要解决的是信息不对称问题,要让招聘方和求职者既能在短时间内相互了解,又要能保证双方沟通足够便利。从这一点来看,互联网具有很多优势,而报纸、杂志则有一定局限性。即使同样的媒介,效果也会有差距。

---

① 杨毅宏,赵新刚.人力资源管理实务[M].北京:中国电力出版社,2014:96.

(二)目标受众

不同的渠道适用于不同类型的人才招聘,因此在选择招聘渠道时,一定要结合岗位需求,做到有的放矢。也就是说,要选择在招聘对象接触最多的媒介上发布广告。例如,通过专业性的杂志招聘有一定知识和技能的专业人员。

(三)招聘成本

在选择招聘渠道时,招聘成本也是必须考虑的问题。要做到用最少的开支找到最合适的人才。一般来说,普通人才和中级人才的招聘,可选择费用相对低廉的招聘会或员工推荐的形式,而高层次人才和重要岗位的人员则可以通过费用相对比较高的猎头公司来招聘。

对于有一定招聘经验的企业来说,还可以通过对以往的招聘数据进行统计分析,找到适合本企业的招聘渠道。表 2-4 和表 2-5 是 A 企业对其 2013 年招聘情况的统计和分析。

表 2-4　A 企业 2013 年招聘数据[①]

招聘方法	有效简历率	录取成功率	综合成功率
现场招聘	30%	33%	9.9%
网络招聘	24%	25%	6%
报刊招聘	15%	16%	2.4%
猎头	62%	20%	12.4%
人才寻访	55%	35%	19.3%
内部推荐	27%	30%	8.1%

---

① 赵永乐,姜农娟,凌巧.人员招聘与甄选[M].2 版.北京:电子工业出版社,2014:70.

表 2-5 A 企业 2013 年招聘方法有效性指标排序[①]

衡量指标	排序 1	排序 2	排序 3	排序 4	排序 5	排序 6
有效简历率	猎头	人才寻访	现场招聘	内部推荐	网络招聘	报刊广告
录取成功率	人才寻访	现场招聘	内部推荐	网络招聘	猎头	报刊广告
综合成功率	人才寻访	猎头	现场招聘	内部推荐	网络招聘	报刊广告

通过上述分析,A 企业就得出了 2014 年招聘方法的最佳组合,即以人才寻访、猎头与现场招聘为主要招聘方法,内部推荐、网络招聘与报刊广告作为辅助招聘手段,从而确定了企业对各种招聘方法投入资源的多少。

第三节 人员的甄选与录用

一、人员的甄选

人员甄选要以空缺职位所要求的任职资格条件为依据来进行,只有那些符合职位要求的应聘者才是企业所需要的。

(一)人员甄选的原则

人员甄选应遵循以下原则。

(1)保证企业得到所需的人才,以利于更好的发展。在选拔人员时应严格把关,精心挑选,选拔素质高、技能好、业务精的员工,才能更有利于企业加快发展的进程。

(2)降低员工的辞退率和辞职率。企业要招聘所需的人员,更要留住可用的人才,这不仅要依赖于人力资源部门以人为本的科学管理,也要依靠招聘过程中的有效选拔。

(3)为员工提供公平竞争的机会。在人员选拔中,应当为应聘者提供公平竞争的机会和展示才华的平台,使每位应聘者均能

[①] 赵永乐,姜农娟,凌巧.人员招聘与甄选[M].2 版.北京:电子工业出版社,2014:71.

参与竞聘,表现个人的能力和才干,以供企业择优录用。

(4)有利于形成员工队伍的合理结构。一个人的能力总是有限的,只有通过人员优势的互补,使员工队伍成为目标一致、老中青结合、专业配套、取长补短、心理相容、团结协作的集体,才能齐心协力,共创企业美好的未来。

(二)人员甄选的程序

为了保证员工甄选的效果,按照上面所提到的几项标准,员工甄选工作一般来说要按照图2-1的程序进行。

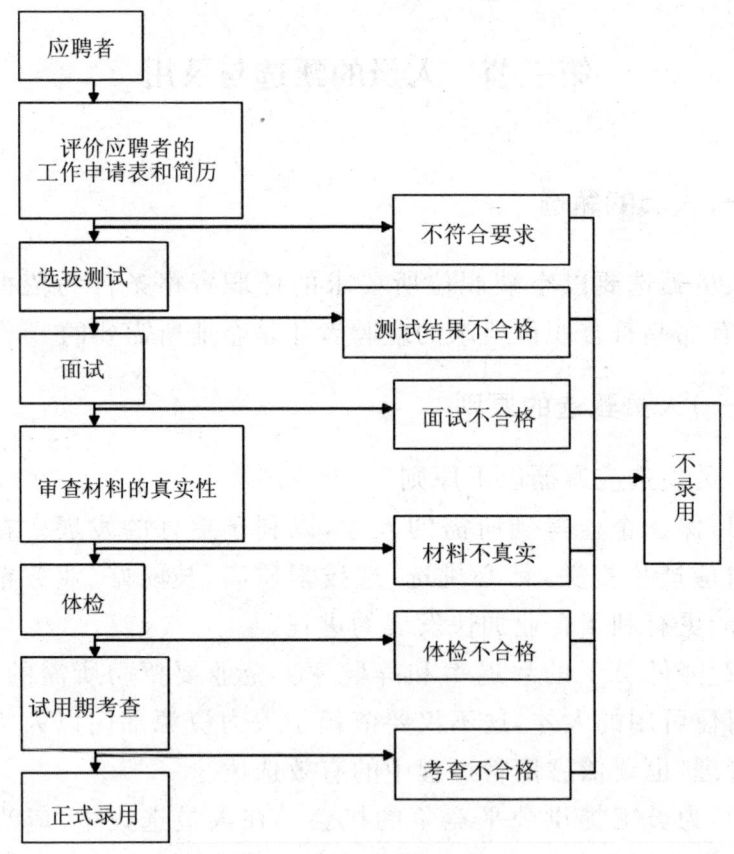

图 2-1 人员甄选程序示意图①

---

① 丁宁.人力资源管理[M].北京:北京交通大学出版社;清华大学出版社,2016:96.

从图 2-1 可以看出,整个人员甄选过程是由六个步骤组成的,其中的每一个步骤都是一个关键决策点,只有通过该决策点的应聘者才能继续参加下面的选拔。

(三) 人员甄选技术

人力资源选拔是招聘工作中最关键的一步,也是技术性最强的一步,选择合理的甄选技术可以大大降低人员进入组织后的培训费用,提高人员在组织中的稳定性。人员甄选技术包括简历和求职申请表的筛选、知识技能测试、心理测试、情景模拟测试、面试、背景调查。

1. 简历与求职申请表的筛选

一般而言,任何甄选过程的第一个步骤都是要求应聘者提交个人简历或填写一份求职申请表。通过简历和求职申请表能获得足够的信息来判断应聘者是否具备职务所需的最低资格。

简历是应聘者自带的个人介绍材料,在筛选过程中要注意以下几个技术要点:简历结构审查、简历内容审查、个人资质审查、简历逻辑性审查、简历真实性审查、简历整体印象。

求职申请表通常都是由相关部门专门设计的,求职申请表的筛选与简历的筛选基本相同,但有些方面仍有些不同,如注意应聘者态度考查、职业相关性考查,且应标明可疑之处。

2. 知识技能测试

人力资源知识技能测适用于衡量应聘者所具备的知识与技能水平,以此判断应聘者能否承担应聘岗位的职责。具体可采用笔试、口试、现场测试、各种能力证书的验证等形式。知识技能考试通常包括三种类型:综合知识测试、专业知识测试、技能测试。

3. 心理测试

心理测试源自实验心理学中个别差异研究的需要。心理测试的目的在于从人的素质方面来把握求职者的能力结构是否符合所应聘的岗位的要求,并预测应聘者在今后工作中的发展趋势,从而提高招聘的准确度。常见的心理测试技术有职业能力倾向性测试、个性测试、价值观测试、职业兴趣测试、智力测试、情商测试。

4.情景模拟测试

情景模拟测试就是根据应聘者应聘的职务,编制一套与该职务实际情况相似的测试项目,将应聘者安排在模拟的、逼真的工作情景中处理各种问题,如角色扮演、案例分析、即席发言、现场作业,以评价其心理素质、实际工作能力、潜在能力水平。

5.面试

面试是指招聘主试者与应聘者双方面对面地接触,采用边提问边观察的方式了解应聘者素质状况、能力特征及应聘动机等信息,以确定应聘者是否符合岗位要求的一种人员甄选方法。

(1)面试过程:准备阶段→开始阶段→正式面试阶段→结束阶段→评价阶段。

(2)面试方式:结构化面试、非结构化面试、情景面试、行为描述面试、系列面试、小组面试、压力面试。

(3)面试技巧。面试者作为面试的召集者,也是面试的主持人,要清楚提问的目的,注意提问技巧,事先准备好提问的提纲和提问重点,及时询问应聘者的意见和看法。

面试结束时应给应聘者提问的机会,整理面试记录表。需要注意的是,面试评价要从面试的目的出发,评价项目应尽量数量化、可操作化。此外,面试中应注意紧紧围绕面试目的,避免无计划的面谈。

6.背景调查

背景调查是指企业通过第三方对应聘者的情况进行了解和

验证。这里的"第三方"主要是指应聘者原来的雇主、同事以及其他了解应聘者的人员,或是能够验证应聘者所提供的相关资料的准确性的机构或个人。背景调查的内容包括应聘者的教育状况、工作经历、个人品质、工作能力和个人兴趣等。

在调查核实过程中要注意:只调查与工作有关的情况,并以书面形式记录;重视客观内容的调查核实,忽视求职者的性格等主观评价内容;慎重选择"第三者",避免因为"第三者"的偏见产生不客观的影响;调查核实时尽量利用结构化表格;避免因侵犯个人隐私所带来的民事纠纷等负面问题。

二、人员的录用

在进行了甄选这一重要环节之后,接下来就是招聘的最后一个环节——人员录用。甄选是人员录用的前提与依据,人员录用是甄选的直接结果。

(一)录用决策要素及标准

1. 录用决策要素

录用决策包括五个要素:第一,信息准确可靠。第二,资料分析方法的正确。第三,招聘程序科学。第四,面试官的自身能力和素质良好。第五,能力与岗位的匹配。

2. 录用决策标准

人员录用的标准是衡量应聘者能否被企业选中的一个标尺。从理论上讲,它是以工作描述与工作说明书为依据而制定的录用标准。在人员录用中,有三个录用决策标准,即以人为标准、以岗位为标准和以双向选择为标准。

(二)录用流程

一般来讲,人力资源录用工作主要包括做出录用决策、确定并公布录用名单、办理录用手续、通知应聘者、签订试用期合同、新员工入职体检、新员工安置与试用、新员工转正并签订正式劳动合同等环节。人力资源录用流程如图 2-2 所示。

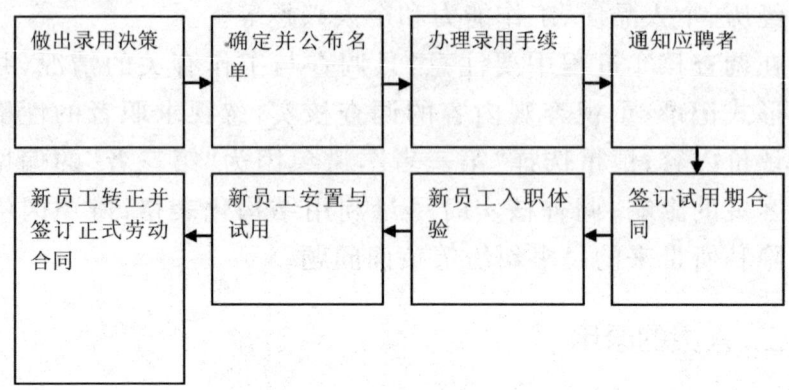

图 2-2 人力资源录用流程①

---

① 冉军.人力资源管理[M].北京:清华大学出版社,2017:112.

第三章　战略视角下的人力资源培训与开发

现代组织获得持续竞争力的关键就是人才的培养。所以,人力资源培训与开发是人事工作中的重要内容。人力资源是创造组织价值的主导因素,是组织竞争优势的主要载体,组织要想实现可持续发展与成长,拥有持续竞争优势,就必须注重人力资源的培训与开发,而且要从战略视角来看待人力资源培训与开发。

第一节　人力资源培训与开发概述

一、人力资源培训与开发的内涵

关于培训与开发,美国学者劳伦斯·S.克雷曼认为,这是教会人们如何去有效地完成其目前或未来工作的有计划的学习经历。雷蒙德·A.诺伊教授则将其定义为一个组织为帮助员工获取与职位有关的知识、技能、能力以及行为而实施的一种有计划的行为。美国人力资源专家加里·德斯勒教授认为,培训就是给新雇员或现有雇员传授其完成本职工作所必需的基本技能的过程。

培训与开发实际上是两个既有重叠又有区别的概念,但在人力资源管理中,培训与开发两个术语常常放在一起来论述。因为培训与开发的出发点是相同的,二者的目的都是通过提高员工的知识和技能来提升工作业绩,进而提高组织的整体绩效。不过,二者毕竟是两个概念,区别也是有的,见表3-1。

表 3-1　培训与开发的比较①

项目	培训	开发
目标导向	短期导向,着眼于当前工作	长期导向,着眼于将来工作
财政理念	短期投资	长期投资
持续时间	持续时间短,具有集中性	持续时间长,具有分散性
工作经验的运用	较多	较少
一次性针对员工的数量	多	少
参与	强制	主动、自愿
受益	立即见效	长期
风险程度	低	高
预期效果	具体、明确、可测量的	综合、不确定、难以衡量的

总的来说,培训是一种具有短期目标的行为,其关注点是现在,目的是让员工掌握当前所需的知识和技能;而开发是一种具有长期目标的行为,其关注点是未来,目的是使员工掌握将来所需的知识和技能。尽管如此,在人力资源管理中,培训与开发依然是经常放在一起来解释的一个概念,因为它们的本质是相同的。我们可以对其这样定义:组织通过各种方式使员工具备完成现有或将来工作所需要的知识、技能和能力,并改变他们的工作态度,提高他们的工作绩效,并最终实现组织整体绩效提升的一种计划性和连续性的活动。培训与开发的对象是组织的全体员工,主体是组织,内容总是和员工的工作相关联。

为了更加准确地把握培训与开发的内涵,以下几点也需要有一个清晰的认识。

第一,培训与开发是为组织实现目标服务的。培训与开发作为人力资源管理的基本职能,必须为实现组织的目标服务,其根本目的就应当是更加有效地实现组织目标。为了服务好这一根本目的,组织在计划和实施员工培训与开发时,一定要对培训的原因、开展什么样的培训、培训的对象是哪些、培训讲师是谁、怎么样科学评价培训效果、怎样做好员工发展的长期规划等问题有

---

① 付维宁.人力资源管理[M].北京:电子工业出版社,2014:357.

一个明确的认知。

第二，培训与开发本质上是一种人力资本投资。所谓人力资本，就是指个人具备的才干、知识、技能、体力、资历、时间、健康和寿命等要素的总和。它是组织发展乃至社会进步的决定性因素，但它的取得并不是无代价的，而是需要投资的。在人力资本投资形式中，培训与开发就是一种重要的形式。组织通过培训与开发，增加员工的知识，提高技能水平，改变员工的态度，塑造员工的行为，以提高员工的职业适应性和工作绩效。

第三，管理者可以通过培训与开发影响员工在特定的工作情境下的行为选择，使其符合职业需要进而实现组织的期望。所以，培训与开发是管理者改变员工工作态度、塑造员工工作行为的有力工具，是组织实现目标的有效管理手段。

第四，培训与开发可以使员工的自身价值得到一个大的提升。之所以这样说，是因为培训与开发有助于增强员工的职业能力，员工的职业能力增强了，工作绩效就会得到改善和提高，员工工作绩效提高了，组织也相应地受益。所以，培训与开发既是企业发展的助推器，也是员工职业发展的助推器。

二、人力资源培训与开发的特点

在一个组织中，人力资源培训与开发的对象主要是在职人员，其性质属于继续教育的范畴，特点则表现在以下几个方面。

(一)广泛性

人力资源培训与开发不管在对象、内容方面，还是在方式方法方面，都具有广泛性。在对象上，组织中的员工培训与开发不仅涉及决策层和管理者，也涉及技术人员和普通员工；在内容上，不仅涉及组织过去或现在的经营活动，也涉及未来需要的各类知识、技能以及其他问题；在方式方法上，培训与开发的方式与方法更是灵活多样。

(二)系统性

任何组织中的培训与开发都是一个系统的工程,它要求培训与开发的各环节、各层次要互相协调,保持一致,从而使培训与开发过程能够有效运转起来。这就是培训与开发的系统性特征。这一特征要求组织要从经营战略的角度出发,做好以下一些事项:第一,适时根据组织发展的规模、速度和方向,对需要接受培训的员工数量及结构进行确定;第二,根据组织实际情况及社会发展情况确定培训与开发的模式、内容以及方式方法;第三,根据培训与开发的规模,对培训与开发方案、时间与场所、材料设备等进行合理的统筹安排。

(三)针对性

人力资源培训与开发要有针对性,盲目组织、没有针对性和分层次的培训与开发活动不仅不会获得预期的效果,还会让组织遭受一定的损失。所谓的针对性,主要是说组织中的培训与开发要根据不同员工的特点及需求来进行。确定培训与开发的内容和方法时,要充分考虑员工不同的知识水平、文化背景,更要考虑员工不同的工作任务和技术要求。

(四)实用性

员工培训与开发本质上是组织的一种人力资本投资。所以,培训与开发的相关工作要始终把提高员工的工作业绩和组织的整体绩效作为其出发点,要促使培训成果转移或转化成生产力,并能使组织在市场中保持较高的竞争优势。在培训与开发实践中,组织应当认真筛选培训与开发项目,并对所选项目进行不断优化,使员工在培训与开发项目中所掌握的知识、技术、技能可以很好地适应当前或未来工作的需要。此外,培训与开发还应使受训员工获得更多的实践机会,为培训成果转化创造有利的工作环境,构建学习型组织。

(五)持续性

员工的培训与开发是一个长期持续的过程。一个组织不能指望一次或几次培训与开发活动就将组织在人力资源方面遇到的问题都解决了。尤其在当前各个方面飞速发展的时代背景下,新行业、新工种、新知识、新技术不断涌现,如果不及时掌握最新的知识、技能等,就很容易影响员工和组织的继续发展。所以,组织必须将培训与开发作为一项永恒的事业,贯穿于组织发展的始终。

三、人力资源培训与开发理论的发展

人力资源培训与开发的相关理论是伴随着管理学和心理学的理论发展而不断完善的。就当前来看,人力资源培训与开发理论的发展主要分为四个阶段:传统理论阶段、行为科学理论阶段、系统理论阶段和组织学习理论阶段(表 3-2)。

表 3-2　人力资源培训与开发理论的发展阶段[①]

发展阶段	代表人物	主要贡献	培训与开发重点
传统理论阶段	泰勒(美)	证明了培训对企业绩效的支撑作用	以发展个人技术与改变态度为主
行为科学理论阶段	艾伯特·班杜拉(美)	提倡观察模仿学习,强调学习者对变化环境的反应能力	重视员工个人与他人之间的关系
系统理论阶段	彼得·圣吉(美)	提出"学习型组织"理论	将组织视为开放的系统,重视系统内各单元之间的配合与互动
组织学习理论阶段	克罗森(加)	"4I"模式,即认知、理解、整合运用、制度化	组织学习与组织发展、员工技能多样化

从表 3-2 中可以看出,传统理论时期的培训与开发主要将发展个人技术与改变态度作为重点;行为科学理论时期的培训与开发开始重视员工个人与他人之间的关系;系统理论时期的培训与

---

① 杨浩.人力资源管理[M].上海:上海财经大学出版社,2011:125.

开发则开始关注学习型组织及其构建问题,将组织视为开放的系统,重视系统内各单元间的配合与互动;到了组织学习理论阶段,人们开始关注组织学习、组织发展以及员工技能多样化问题。

四、人力资源培训与开发的重要意义

人力资源培训与开发是组织人力资源投入的主要形式,既能提高组织的工作效率,又能实现组织人力资本增值以及预期的经济效益和社会效益。具体来说,人力资源培训与开发主要有以下几个方面的重要意义。

(一)有助于提高员工的自身素养

首先,通过培训与开发,员工获取了知识,提高了技能,掌握了与工作相关的技术、程序、方法和工具使用技巧等,这些能力和素质的提高和改善又为实现员工自身的价值奠定了基础,同时也提高了员工对组织的满意度。

其次,组织通过开展员工的培训与开发,在提高员工工作技能和素质的同时,也使员工感受到企业对其职业发展的重视和关注,有助于增强员工的团队精神和对企业文化的认同感,从而提高员工的组织归属感和责任感。

最后,员工良好的职业道德往往是组织通过长期的文化熏陶而形成的。组织开展培训与开发活动,能很好地巩固和传播良好的职业道德,帮助员工提高职业道德素养。

(二)有助于员工树立与组织相一致的价值观

组织开展的培训与开发通常都是团队学习,通过集体的学习方式,求得认知的共识,特别是对组织价值观的共同认可,这为员工在工作中的是非判断、问题决策树立了一致的价值观。事实上,组织通过培训与开发,除了要让员工获得知识、提高技能,更重要的就是让员工改变态度,树立与企业相一致的价值观,从而塑造出组织所期望的员工行为。

(三)有助于提高员工的满意度

员工的满意度是组织正常运转的必要条件之一,而培训与开发有助于提高员工的满意度。

首先,对员工进行培训与开发,能够使他们的知识技能水平和职业能力得到一个大的提升,能够使他们接受更具挑战性的工作任务,从而更好地胜任现在及未来的工作岗位,实现自我成长和自我价值,这不仅使员工在物质上得到满足,而且使员工在精神上得到满足。

其次,培训与开发还可以使员工感受到组织对自己的重视和关心,从而提高对组织的忠诚度和认同感,由此增强员工与员工、员工与管理者之间的凝聚力及团队精神。

(四)有助于激发员工的工作积极性和主动性

在很多追求上进的员工看来,培训与开发就是给予他们很好的福利,是组织关心员工个人成长和发展的体现。如果组织无法给员工提供有效的培训和学习机会,就会导致员工工作激情下降,甚至会导致优秀员工的流失。而培训与开发能让员工感受到组织对自己价值的认可,就会大大增强他们的工作责任感、成就感和信心。受训后的员工会感激组织为他们提供个人成长、发展和在工作中取得更大成就的机会,会对工作充满热情,对自己充满信心,也就会更加主动地应用和发挥所学知识并施展其创造力,为组织做出更大的贡献。

(五)有助于增强组织竞争优势

有效的员工培训与开发,会极大地增加组织的人力资源价值,提高组织的市场竞争力和经济效益。发达国家的很多组织在推进组织自身发展的过程中,不但注意引进、更新组织各方面的硬件投入,更注重人力资本价值的提升。培训与开发既可以让员工学到知识和技能,又可以为组织营造鼓励学习的良好氛围,提升组织的学习能力,这又非常有利于组织竞争优势的增加。

(六)有助于培育组织文化

良好的组织文化会对员工产生强大的吸引、导向和激励作用。因此很多组织都非常重视组织文化的培育。组织文化是组织全体成员共同遵守的价值观念和行为准则,需要得到全体员工的认可和宣传,而培训与开发就是一种很有效的学习和宣传的手段。其会将组织文化和组织形象的建设转化为具体的学习活动,通过培训造就训练有素、德才兼备的员工,通过员工的优秀表现展现良好的组织文化。

五、人力资源培训与开发的基本原则

为了取得良好的效果,组织在开展培训与开发工作的过程中应注意遵循以下几项基本原则。

(一)目标明确原则

目标具有鲜明的导向功能,能很好地引导人们的行为。在开展培训与开发活动之前,设置明确的目标,不仅有助于引导管理者的培训工作,而且有助于引导受训者向确定的方向努力,从而提高培训效果。在设置目标时,应当结合培训课程和员工个人的实际情况,做到清晰、明确、适度,使员工通过学习可以达到但又要付出一定努力。

(二)服务于组织战略规划的原则

在一个组织的经营中,组织战略规划是必不可少且十分重要的内容。战略规划往往指导着组织各方面的工作,意义重大。人力资源管理是组织战略规划中的内容,而培训与开发是人力资源管理系统的有机组成部分,所以,人力资源培训与开发工作要注意服从和服务于组织的战略规划。要想做到这一点,管理者就要将眼光放长远,从未来发展和战略角度安排人力资源培训与开发工作。

(三) 差异化原则

员工培训与开发要遵循差异化原则,一方面是说要遵循培训对象的差异化,另一方面是说要遵循培训内容的差异化。组织的培训与开发是针对组织全体员工来实施的,但这绝不意味着在培训过程中就要平均使用培训资源和力量。一般来说,培训与开发应当向组织中的关键职位和关键人员倾斜,以提高培训与开发的针对性和培训效率。在内容上,由于培训的目的是改善员工的工作业绩,因此,培训内容应当与员工的工作有关,应当根据员工的实际水平和所处职位来确定,以便对员工进行个性化培训。

(四) 效益原则

一般的组织从事任何活动都是考虑效益因素的,即要以最小的投入获取最大的收益。培训与开发活动自然也不例外,在培训费用一定的情况下,如何使培训效果最大化就成了组织非常关心的事情。这也就是说,组织的员工培训与开发要遵循效益原则,要做好培训经费预算,要选择合适的培训方式方法,采取适当的培训措施,以使培训与开发的效益达到最佳。

(五) 激励原则

为了更好地调动员工参与培训的积极性和学习热情,使他们能够主动、自觉地参与到培训与开发中,提高培训与开发的效果,管理者要坚持激励原则,使激励贯穿于培训与开发的全过程。比如,在培训前积极向员工宣传培训对于组织和个人的重要意义,鼓舞员工学习的信心;培训过程中及时反馈培训效果,密切关注员工的培训进程;培训结束后进行考核,并将考核结果与员工的实际利益挂钩,对培训考核优秀者给予一定的奖励,考核成绩较差者给予相应的惩罚。

第二节 人力资源培训的基本程序

人力资源培训工作是一项非常复杂的系统性活动,涉及组织的效益与成本问题,所以要精心设计与策划。不仅如此,培训工作还要按照一定的程序进行,在程序化的培训过程中坚持目的性和可操作性。一般来说,一个完整的培训过程主要包括以下几个基本环节。

一、培训的需求分析

在人力资源培训过程中,需求分析是首要进行的事情。所谓需求分析,就是指组织为了更好地把握培训活动,实现目标,对整个培训活动需求所进行的一种系统分析。它是培训工作顺利进行的关键,因此,必须重视它。就当前来看,培训的需求分析主要从组织、员工和任务三个层面来进行(图3-1)。

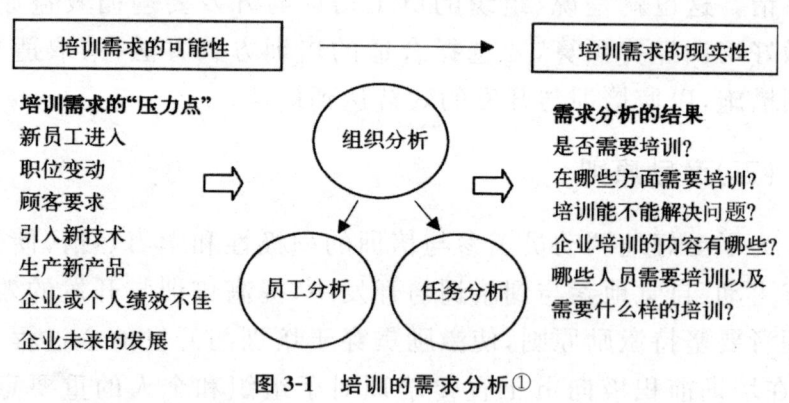

图3-1 培训的需求分析①

(一)组织层面的分析

组织层面的分析与组织的战略和环境相联系,主要是指通过

---

① 董克用,叶向峰.人力资源管理概论[M].北京:中国人民大学出版社,2004:125.

对组织发展战略的分析,确定组织范围内的培训需求,确保培训计划符合组织的整体目标与战略要求。这一层面的分析主要进行以下工作:分析组织目标,评估组织现有的资源,分析组织所面临的内外部环境。例如,通过对组织内外部环境的分析,了解组织需要具备什么样能力的人才,与之相比组织中现有员工的差距在哪里,从而确定组织是否需要进行培训,需要进行哪些方面的培训。对外部环境的分析,内容主要包括市场环境、竞争对手、政策环境以及企业所处行业的发展状况等。对组织内部环境的分析,内容主要包括组织运行的效率,如产品的质量、次品率、工作方法、人员流动、组织结构、部门间的协作、计划完成的情况等。

(二)员工层面的分析

员工层面的分析主要是根据组织已经制定的员工绩效标准来评估员工个人目前的实际工作绩效,看看员工是否达到组织规定的绩效标准,或者具体有多大差距,以此判断员工是否需要接受培训。在整个分析过程中,对于员工绩效的评价内容主要包括以下几个方面。

(1)员工个人考核绩效记录,其内容包括员工的工作能力、平时表现、意外事件、参加培训的记录、离(调)职访谈记录等。

(2)员工的自我评价,以员工的工作清单为基础,由员工针对每一单元的工作成就、相关知识和相关技能真实地进行自我评价。

(3)知识技能测验。

(4)员工态度评价等。

(三)任务层面的分析

任务层面的分析与具体的工作任务相联系,是指系统收集关于某项工作的信息,确定各个工作岗位的员工完成工作任务或是达到理想的工作业绩所需要学习的内容,以明确培训需求。一般来说,任务分析是在组织分析之后进行的,因为只有从组织分析中得出组织愿意在培训上投入时间与资金的结论后,任务分析才有意义。在进行任务层面分析时,一般按以下步骤进行。

第一,选择有效方法,列出一个岗位所要履行的工作任务的清单。

第二,确认所列出的任务清单,包括任务的执行频率、花费时间、难度、复杂程度等。

第三,对每项任务需要达到的标准做出准确的界定,尽量用可以量化的标准来表述。

第四,确定完成每项工作任务的知识、技能、态度范围。

总的来说,任务层面分析的目的在于了解与绩效问题有关的工作的详细内容、标准和完成工作所应具备的知识、技能。分析的结果也是将来设计和编制相关培训课程的重要资料来源。

二、制订培训计划

培训计划是培训需求分析的结果。经过培训需求分析明确了组织的培训需求以后,就可以制订一个比较具体的培训计划。高质量的培训计划能激励员工不断地学习新东西,使培训活动更高效,并最终增强组织人力资源的竞争力,同时减少不必要的人力、物力、财力浪费。一份具体的组织培训计划,应该包括以下一些内容。

(一)培训目标

培训活动想要达到的目的和预期成果就是培训目标。设置培训目标的时候,可以面向整个培训计划,也可以针对每一个培训阶段。此外,培训目标与评价标准的关系是息息相关的,所以,在确定培训目标的过程中,要综合衡量,考虑可评价性;要注意实效性和标准性。实效性就是指员工在培训后要学会做什么;标准性就是指要规定明确的标准,以方便有效地测量培训结果。

(二)培训对象

培训对象就是组织的培训活动针对什么人的问题。一般情况下,组织确定谁需要接受培训时,可充分考虑以下几点。

第一,本次培训活动所能容纳的人员数量。

第二,本次培训到底要解决哪些问题,员工的时间是否调整得开。

第三,重点培训那些需要充分挖掘潜力的人员。

(三)培训教师

培训教师的主要任务是授课、参与培训课程设计与开发、组织培训过程、考核受训者等。选择好培训教师对培训活动的顺利进行来说非常重要,培训教师水平的高低决定了整个培训质量的好坏。培训教师来源基本上有两种途径:一是外部聘请;二是组织内部产生。从外部聘请的培训教师往往比较专业,具有丰富的培训经验,也有新的观点和理念,但费用较高,对企业的了解程度不高;从内部产生的培训教师费用较低,对企业情况比较了解,培训会更具有针对性,与受训者的交流也更好,但他们可能难以带来一些新的东西,培训经验往往也不足。所以,组织应当根据自身的实际情况来选。

组织内部要有相应的选拔流程与管理制度,以保证培训教师队伍的素质。组织可以从专业知识、专业经验、成就及表达能力四个方面进行认证与选拔。如果培训教师是组织内部产生的,可对培训教师的工作绩效每半年或一年考核一次,优胜劣汰。同时为支持和鼓励培训教师主动积极地开展培训工作,应给培训教师一定的时间开展培训课程设计与开发工作,并给予相应的费用。组织内部也应组织培训教师进行专业培训和技能训练,以不断提高其业务水平。当然也可以聘请专职培训师或培训专家。

(四)培训内容

培训计划中必须明确培训内容,也就是确定培训什么的问题。培训内容是很广泛的。不同的培训,由于其具体的目的不同,任务不同,培训的对象不同,培训的内容也就不同。培训可以是为了让新入员工了解组织的基本情况、发展战略、经营方针、规章制度等而进行的培训,可以是为了提高员工的专业技能而进行的培训,也可以是对员工进行组织文化的培训等。具体来说,选择培训内容时,应注意以下几点。

第一,要和组织的目标相一致,也就是说,最好是选择能够为组织发展带来效益的培训内容。

第二,必须具有由学到用的可转化性。组织对员工的培训是以提高工作岗位的工作效率和水平,改进工作绩效为核心和直接目的的,因此,培训内容的选择应该侧重于那些能够指导工作实践或是具有可操作性的培训内容,关注培训与实践的结合。

第三,要根据不同的培训对象选择具体的培训内容。对刚进组织的新员工来说,必须进行相应的入职引导;对于已在职的员工来说,培训内容以传授本领域的新知识与新技术为主,以提高他们的能力,使其能够适应更高层次的要求;对于专业技术人员来说,则要更重视培养他们解决实际问题的能力和人际关系的处理能力。

(五)培训方法

培训方法就是确定如何培训等问题。选择哪些培训方法,是培训计划的主要内容之一,也是培训成败的关键因素之一。一般来说,组织应当根据培训的具体内容以及员工学习的特点来选择相应的培训方法。

(六)培训时间与培训场地

一份完整的培训计划,还应当有明确的培训时间和期限。一般而言,这可以根据培训的目的、培训的场地、培训教师、被培训者的能力及上班时间等因素来确定。培训时间的选定以尽可能不影响工作为宜。

培训场地是指培训活动在什么地方举行,这是培训计划中必须要考虑的问题。培训场地可利用内部培训场地,也可利用外面专业培训机构的场地。好的培训场地应当有便利的交通;安静、独立且不受干扰;空间足够大,具有培训所需要各种设备,如桌椅板凳、讲台、黑板、电视机、投影仪、幻灯机等。

(七)培训预算

培训预算是指一段时期内培训部门所需要的全部开支。其构成主要包括培训场地费及设施;培训相关人员的食宿费;培训相关人员的工资以及外聘讲师的讲课费;培训器材、教材费;交通费;差旅费等。

三、培训实施

培训实施就是执行培训计划,落实培训对象、培训讲师、培训地点、培训时间、培训内容等各种事项,确保培训的实施并取得相应的效果。表3-3是一份"培训方案具体实施表",可作参考。

表3-3 培训方案具体实施表[1]

时间	实施内容
一、实施日两月前	计划拟定、课程确定、讲师联系、地点初步确定
二、实施日一月前	课程培训调查、讲师最终确定、培训信息反馈、培训大纲审查
三、实施日两周前	成立项目小组、召开会议、做好分工、讲义胶片发送、制作课程表
四、实施日一周前	课程讲义复印、支援事项排定、器材用品准备、培训通知制作发放
五、实施日三日前	讲师行程确认、课程问卷调查表制作、课后心得调查表制作、评估标准制作、签到表、住宿餐饮预定、交通工具预定、回答人员培训咨询
六、最后清点项目	签到表、课程问卷调查表、课后心得调查表、培训评估标准、培训记录表、培训讲义、计算机、投影仪、麦克风、扩音机、摄像机、照相机、电源、白板、板擦/白板笔、胶带、图钉、白纸、茶叶、饮料、纸杯/茶杯、海报、条幅

---

[1] 宋源.人力资源管理[M].上海:上海社会科学院出版社,2016:184—185.

续表

时间	实施内容
七、培训前一天	培训教室布置、灯光空调调试、视听设备调试、桌椅摆放、培训材料文具摆放、悬挂条幅/海报、接送外聘讲师、安排外聘讲师食宿、培训前信息沟通
八、培训当日工作	人员签到、开场白、介绍外聘培训讲师、领导讲话(重要培训)、讲师授课、授课资料发放、复印各类资料、突发事件处理
九、上课工作项目	课程录音/录像/拍照、茶水服务、评估问卷/试卷发放、填写培训记录、配合讲师工作、反馈学员信息、出勤安排协调、评估问卷/试卷回收
十、后续工作项目	教室打扫/设备归位、讲师费签收、经费报销、问卷统计分析、安排车送外聘讲师、培训资料归档、撰写培训报告、工作检讨总结

四、培训效果评估

培训效果评估是指组织在培训之后,通过一定的方法对培训活动进行分析和评价。这其实是一个非常重要的环节,组织不应当忽视它。通过评估,组织能够了解培训效果的好坏以及培训过程中所存在的问题,能够及时总结经验教训,为下次培训工作做准备。

培训效果有些是有形的,有些是无形的;有些是直接的,有些是间接的;有些是短期的,有些是长期的。因此如何评估培训效果,如何制订培训评估标准,是一个复杂的课题,是培训体系建设中最难的部分。培训效果要从有效性和效益性两方面进行评估。培训的有效性是指培训工作对培训目标的实现程度。培训的效益性则是指培训工作给公司带来了多少效益(包括经济效益和社会效益)。

对于培训效果的评估,已经有不少学者进行了研究。不过,从当前来看,应用得最为广泛的是由美国学者柯克帕特里克提出的培训效果四级评估模型。这一评估模型得到了国内外大多数研究者的认同。柯克帕特里克根据评估的深度和难度主要将培训效果分为以下四个递进的层次。

(一)反应评估

这一层次的评估是衡量参与培训项目的员工对培训做出的反应,也就是考察员工对课程及学习过程的满意度。对这项指标的评价,最简单的方法就是询问一些学员:你感觉这次培训怎么样?包括对培训的内容、培训教师的水平、培训的方式、教材、时间安排、环境设施等各方面的感觉。为了防止以偏概全、不具有代表性等问题,可以采取更细致的评估方法,如问卷、面谈、座谈、电话调查等。表3-4列出了一份典型的反应评估问卷表。反应评估问卷一般在培训结束后进行,也可以在几个星期后进行。

表3-4 反应评估问卷示例

培训计划名称:
培训教师:
日期: 年 月 日
1.你如何评价整个培训计划? □非常好 □很好 □好 □一般 □差 说明:
2.培训设施、午餐安排等如何? □非常好 □很好 □好 □一般 □差 说明:
3.将来你愿意参加同类计划吗? □是 □不是 □不确定 说明:
4.该计划与你现在工作的相关程度有多大? □在很大程度上相关 □在某种程度上相关 □几乎不相关 说明:
5.你觉得培训教师的能力和风格如何? □非常好 □很好 □好 □一般 □差 说明:
6.对未来培训计划的其他说明和建议:
签名(可选项):

反应评估是最基本、最普遍的培训评估方式,它容易操作,方法简单,但主观性太强,如有的学员会因为对培训教师有好感而给课程全部高分,或者因为对某个因素不满而全盘否定课程。

(二)学习评估

学习评估是指对受训员工在参加培训项目后,知识、技能或态度等方面学到了什么的评估。评估方法有考试、演示、讲演、讨论、角色扮演等多种方式。

学习评估对受训员工和培训教师会有一定的压力,好处是受训员工和培训教师对培训会更加认真对待。需要注意的是,要选择好评估的方法,对那些基于知识和技能的培训采用考试的方式较好。

(三)行为评估

行为评估是对受训员工回到工作岗位后,其行为或工作绩效是否因培训而发生了预期改变而进行的评估,也就是看员工的工作行为方式是不是相比以前更好了。行为评估可以采取多元化的评估方法,即可以由同事来评价,也可以由客户来评价,还可以由主管来评价。

这个层面的评估可以使培训的效果得到直接的体现。高层领导和直接主管如果直接看到好的培训效果,就会加大培训的支持力度。

(四)成果评估

成果评估是针对培训的整体投资报酬率进行的评估,主要是对一些可度量的指标(质量、数量、安全、销售额、成本、利润、投资回报率等)进行培训前后的对比,一对比往往就能看出培训到底获得了什么成果。

这个层面的评估一般需要一个较长的周期,短时间内往往难以获得相应的结果。此外,不能只看重简单的数字对比,要通过数字去挖掘一些深层意义,比如发现培训课程存在的问题等。

总的来说,上述四个层面的评估都非常重要,不过就当前我国很多组织的培训效果评估来看,一般只停留在第一、二层次,而缺乏深层次(第三、四层次)的评估,以后应当重视起来。

第三节 员工职业生涯规划与管理

一、员工职业生涯规划

职业生涯是一个人职业的发展过程。从个人角度而言,人生的价值和意义在职业生涯中得以体现;从组织角度而言,帮助员工制定正确的职业生涯规划是组织获得人力资源方面竞争优势的重要途径。所谓职业生涯规划,就是指一个人综合分析与权衡自己的兴趣、爱好、能力、特点,再结合时代特点与主客观条件,确立职业发展目标,选择职业生涯路径。

(一)员工职业生涯规划的意义

1.职业生涯规划对员工个人的意义

员工个人良好的职业生涯规划可以帮助他们树立明确的职业目标,可以有效发掘他们自身的潜能,可以增强他们自身发展的目的性与计划性,可以提升他们自身应对竞争的能力。

2.职业生涯规划对组织的意义

组织帮助员工制订职业生涯规划,可以让员工充分理解组织的愿景,将个人的发展需求与组织发展的目标结合起来。当员工的职业目标与组织的发展目标契合时,组织的发展也就更为顺利。

(二)员工职业生涯规划的基本原则

1.整体性原则

在制订自己的职业生涯规划时要有全局性的眼光,以自己的需求为出发点,围绕自己的职业锚类型来做规划。此外,进行职业生涯规划时,个体要具有发展的眼光,充分考虑社会和组织可能出现的变革对个人职业生涯的影响。

2.阶段性原则

在制订职业生涯规划的时候,个体应分阶段设定目标,分为短期、中期和长期目标。短期目标要详细描述,而中期目标就不需要像短期目标那样明确,长期目标就只需要一个方向即可。然后,员工要不断评价自己所设目标的实现情况,并根据时间的推移,将上一期的中期目标变为短期目标,不断明确,逐次替换,直到实现最后的目标。

3.可量化或可评价原则

员工的职业生涯规划必须是可以评价的,这样才能保证员工能及时地衡量和评价目标的实现情况,并及时做出修正。所以,要遵循可量化和可评价原则。

4.利益结合原则

在制订职业生涯规划时,将个人、组织和社会利益结合起来也是非常重要的。组织和社会的发展要靠个人的贡献来推动,而个人贡献的大小也会受到组织和社会的影响。所以,在制订个人职业生涯发展规划时,应考虑到三方的利益。

(三)员工职业生涯规划的基本步骤

职业生涯规划对任何一位想要获得成功的员工来说都至关重要。所以,不管是员工自身还是组织都应当重视职业生涯规划。一般来说,职业生涯的规划应该包括以下几个步骤。

1.自我评估

只有全面、清楚地认识自己的优势和需求,确定的职业生涯目标才是正确且能够实现的。所以,自我评估应当是职业生涯规划首要进行的项目。自我评估主要就是对于职业选择相关的自身情况(人生观、价值观、受教育水平、职业锚、兴趣和特长等)进行剖析、评价,以达到全面认识自己、了解自己的目的。

2. 环境分析

员工在制订职业生涯规划时,除了对自身的情况进行评估,还要对自己所处的环境进行正确的分析。个人所处的环境决定了个人职业生涯发展的机会,因此,环境分析也很重要。

环境分析包括经济和社会环境分析、地区环境分析、行业环境分析、组织环境分析。经济和社会环境分析主要包括对政治、相关法律、国际和国内经济、社会文化的分析;地区环境分析则是对员工所在地区是否对某些行业有倾斜性政策以及地区行业限制等因素的分析;行业环境分析的目的是判断行业的发展潜力和发展程度,是选择朝阳产业还是选择已经发展成熟的行业,要面临的将会是完全不同的发展路径;组织环境分析则包括组织的结构分析和组织制度文化分析。组织结构在很大程度上限制了员工获得晋升的机会,特别是随着金字塔型组织结构的逐渐减少,扁平化组织的逐渐增加,组织能为员工提供的直线晋升机会会减少,而与之相补充的是组织会提供更多的轮岗和培训以实现员工的提升;组织的制度文化则体现了组织对员工职业生涯发展的重视程度。

3. 职业生涯目标设定

在职业生涯规划中,职业生涯目标的设定是最为核心的内容。员工应该结合自我的需求和成就动机确立目标。在设定职业生涯目标的过程中要注意以下几点。

(1)目标要符合社会与组织的需要。

(2)目标要适合自身的特点,并使其建立在自身的优势之上。

(3)目标要高远但绝不能好高骛远。

(4)目标幅度不宜过宽,最好选择窄一点的领域。

(5)短期目标与长期目标相结合。

(6)目标要明确具体,同一时期的目标不要太多。

(7)职业目标与家庭目标以及个人生活和健康目标不应有冲突。

(8)职业生涯目标应该具有一定的挑战性。适当的挑战性可以激发员工不断提升自己以达成更高的目标。

4.确定职业生涯发展途径

在职业生涯目标确定之后,就面临职业生涯发展途径确定的问题。职业生涯发展途径就是指一个人选定职业后实现自己职业目标的方向。员工在确定职业生涯发展途径时,可在以下三种方向上发展。

(1)纵向发展:员工职务由低到高逐步提升。

(2)横向发展:在同一级别的不同职位或职务之间变动,也称为轮岗。这种发展里的职位级别虽然暂时没有得到提升,但可积累不同岗位的经验,为日后承担更高层次的责任做储备。

(3)向核心方向发展:在职位不变的情况下承担更多责任,更多地参与到决策活动中去。

至于到底选择哪种途径,员工首先要结合需求和价值观考虑自己希望按照什么样的途径发展;其次要结合组织的客观情况考虑路径的可能性。

5.评估与调整

职业生涯管理是一个长期而动态的过程,随着客观因素和主观因素的改变,员工的职业生涯发展目标和途径都有可能发生变化。因此,在实施职业生涯发展规划的同时,员工要适时评估,并根据自我需求和环境变化对职业发展规划做出相应的调整。当然,一般情况下,员工是逐步提高职业生涯目标,而不是降低目标。

二、员工职业生涯管理

在 20 世纪六七十年代的时候,美国就已经开始了职业生涯管理方面的有益探索,一些组织开始有意识地帮助员工建立起在本组织内部的发展目标,设计在组织内部的发展通道,并为员工提供目标实现过程中所需要的培训、轮岗和晋升。组织对员工职业生涯管理的重视为组织切实带来了不少益处,所以,职业生涯管理越来越受人们关注。所谓职业生涯管理,就是指组织根据自身发展目标,及时地向员工提供在本组织内职业发展的有关信息,给予公平竞争的机会,并提供职业咨询,引导员工对自己的能力、兴趣,以及职业发展的要求和目标进行分析和评估,使其能与组织的发展和需要相统一,以实现组织和个人的长远利益。

(一)员工职业生涯管理的基本原则

组织进行职业生涯管理主要是希望通过与员工的合作,最终达到员工和组织的双赢。这一目标的实现需要组织遵从以下几个基本原则。

1. 统筹性原则

员工职业生涯规划与管理是组织人力资源管理中的一个系统工程,应将其纳入组织的发展战略,从组织战略的高度来提供支持。这就是说要坚持统筹性原则,统筹既包括横向统筹,也包括纵向统筹。横向统筹就是指在职业生涯管理中,组织本身、管理者、员工本身都是参与者,应发挥各自的作用;纵向统筹就是指职业生涯管理应该贯穿于组织工作的整个过程,从招聘员工开始,一直到员工最终离开企业(在离开企业前,相应的离职或再就业指导也是必需的)。

2. 差异性原则

组织在管理员工职业生涯发展过程中,要充分考虑不同职业、岗位和专业之间的实际情况,有区别地确定目标。同时,在具体到员工的时候,要充分考虑员工性别、年龄、个性、价值观等方面的差异,有针对性地处理问题。

3.阶段性原则

组织在具体实施职业生涯管理时,要充分考虑组织、个体当前所处的发展阶段,以及组织和员工未来的发展规划,有步骤、有顺序地进行。

4.发展性原则

组织在落实职业生涯管理的过程中,要以促进员工发展为目的,把岗位实践与有效的培训结合起来,重点培训那些与未来发展相关的技能,使员工能够从容应对未来的调整,也为组织储备高能力的人才。

(二)员工和组织在职业生涯管理中的责任

在职业生涯管理中,员工和组织是相互影响的关系,二者都负有一定的责任,二者只有各尽职责,才能实现双赢。

1.员工的责任

(1)员工只有真正了解自身的能力和需求,才能制订出合理的目标。所以,员工理应正确地评价个人的能力、需求、兴趣和职业价值观等。

(2)确立发展目标。知道了自己的优势和需求,就需要明确发展的目标了。

(3)充分与组织交换个人职业发展信息,及时做出调整。员工要能够主动地寻求反馈,并结合自己的特点进行思考和判断,最终做出相应的决策。

2.组织的责任

(1)提供组织职业生涯管理的相关信息。员工职业生涯发展途径的选择,在很大程度上受到组织文化和相应结构制度的限制。因此,企业有责任也有义务及时与员工沟通相关信息,包括组织人员空缺信息、组织的晋升通道等,以帮助员工及时获取发展机会,及时对自我职业发展规划做出调整。

(2)提供职业生涯管理所需要的培训和辅导。组织应该提供相应的培训,以帮助员工正确设定发展目标,了解正确的评价职业生涯的方式。

(3)提供技能培训和多样性的工作机会。组织通过提供多样化的培训和工作机会能够帮助员工了解自身能力与爱好。此外,适当的职位转换也有助于激发员工的创造力和挑战性,从而提升员工的满意度。

(4)及时向员工反馈信息,并提出建设性意见。组织要通过及时的反馈,对员工本阶段的表现做出评价,并给予建设性的意见,以促进员工及时调整与修正,实现自我提升。

(5)确保员工的职业发展目标与组织发展需求的一致性。这样才能实现组织与员工的双赢。

(三)职业生涯管理的主要措施

职业生涯管理的措施应多样化,具体可包括以下一些内容。

1. 提供职业生涯咨询

职业生涯咨询是由组织内部的人力资源管理者或是外部的专业咨询师与员工进行面对面的交流,其目的是有针对性地帮助员工分析和解答关于职业生涯发展方面的问题与困惑。

2. 建立测评体系

组织通过建立测评体系,可以对员工的性格特征、职业倾向、优势、弱势以及潜能等进行测评,帮助他们了解自己的心理、行为和潜力,以便设定适当的职业目标。

3. 导师指导

组织可让那些德高望重、经验丰富的资深员工担任青年员工或新员工的导师，让他们随时给予青年员工或新员工一些指导，这样会对员工职业生涯发展起到积极的作用。

4. 提供职业培训

培训是职业生涯管理中一个十分重要的环节。组织可以通过各种形式的培训来拓展员工的知识和技能，开发员工的潜力，帮助他们实现自我提升。而且，组织会对处于不同职业生涯发展阶段的员工给予不同形式的培训。

5. 工作轮换

工作轮换是指员工在薪酬和职位等级大致不变的情况下从一种工作换到另一种工作。通过工作轮换，员工可以对其他岗位有一定的了解，获取新的知识和技能，还可以发现自己到底适合从事什么工作。同时，组织也可以对员工进行较全面的观察，实现组织内部的人岗匹配。

6. 晋升

晋升意味着职务的升迁，并拥有更大的权力和更多的薪酬，是职业生涯发展中最直接、最具有激励性的途径。组织要支持员工在本部门或跨部门晋升，保持职业晋升渠道的畅通，为那些技术发展空间有限的技术人员提供更多的管理工作机会，消除女性进入管理层的障碍，提供人人平等的晋升机会。

第四章 以双赢为宗旨的员工绩效考核

绩效考核是一套正式的、结构化的制度,其作用是用来衡量、评价并影响员工的工作特性、行为和结果。通过科学合理的绩效考核,可以对员工的实际工作效果进行评价,对其进行有针对性的奖励或者惩罚。通过绩效考核,可以了解员工的发展潜力,最终实现员工和组织的共同发展。本章将对员工绩效考核的基本认知、员工绩效考核的过程和方法探索、员工绩效考核中的偏见与误差分析进行研究。

第一节 员工绩效考核的基本认知

一、绩效考核的内涵

(一)绩效考核的概念

1. 绩效的概念

绩效也称业绩,是指员工经过考核并被认可的工作行为、表现及结果。人们对绩效的理解存在两种不同的看法:第一种看法认为绩效就是结果,即对组织具有效益、具有贡献的结果。第二种看法认为绩效是行为,不是结果。这种观点认为过分关注结果会导致重要的行为过程被忽视,对过程控制的缺乏会导致工作成果的不可靠性。绩效不是行为的后果或结果,而是行为本身。

绩效具有多因性、多维性和动态性。多因性是指员工绩效的好坏是由多种因素决定的;多维性是指在分析和考核员工绩效的时候需要从多个角度和维度进行;动态性指的是员工的绩效会随着时间的推移而发生变化。

2. 绩效考核的概念

对于绩效考核的含义,国内外学者说法大同小异:从考核内容上来讲,有的侧重工作行为,有的侧重工作结果;从考核目的来看,有的侧重目前应用,有的侧重长远发展。不管对绩效考核如何表述,其本质是不变的,即指在绩效周期结束的时候,人力资源经理和职能部门经理要依据绩效指标体系和在绩效实施过程中能够说明被考核者绩效表现的数据和事实,对被考核者的绩效目标完成情况进行考核、检查,判断被考核者是否达到了绩效指标的要求,并以此作为人力资源决策的依据。因此,我们把绩效考核定义为一种衡量、评价、影响员工工作表现的正式系统。

(二)绩效考核的特点

绩效考核具有以下特点。

第一,绩效考核具有系统性。系统性的意思是绩效考核并不是孤立的事件,而是与企业的其他方面息息相关,包括企业的发展战略的部署、组织结构的构建和人力资源的管理。绩效考核跟这些因素都有密不可分的关系。

第二,绩效考核具有时效性。时效性指的是绩效考核的考核时间和考核结果的明确都是在一段时间内进行的,只在当段时间内生效。绩效考核既可以定期进行,也不可以不定期进行。

第三,绩效考核具有指向性。指向性指的是绩效考核不管是出发点还是终点都是要实现企业的整体绩效,是为了实现员工和个人的双赢,实现二者更好的发展。

第四,绩效考核具有过程性。绩效考核需要有一个科学合理的过程,因为其与很多因素息息相关,因此在进行的过程中需要考虑很多因素。

第五,绩效考核具有层次性和针对性。在一个企业或组织中,存在大大小小的部门、层层叠叠的岗位,甚至在不同的行业领域内,都会有不同的绩效考核标准,其考核内容和考核方式也需要针对不同的情况设计。

(三)绩效考核的主体

在绩效考核过程中,考核主体大多来自被考核者所在组织中的上司、同事、下属,乃至组织外部的客户等。而考核主体最终的选择,则要看其是否对被考核者有足够的了解、是否有能力将观察结果转化为有用的考核信息、是否能最小化绩效考核系统可能出现的偏差、是否有动力提供真实的员工绩效考核结果等。

二、绩效考核的分类和原则

(一)绩效考核的分类

绩效考核种类和方法是多种多样的,从不同的角度可以把绩效考核分为以下几种类型。

1. 根据考核的目的划分

根据考核的目的划分,可以分为例行考核、晋升考核、评定职称考核、转正考核、培训前考核及对新员工的考核等。

2. 根据考核的内容划分

根据考核的内容划分,可以分为素质考核、能力考核、实绩考核及综合性考核等。

3. 根据考核的时间划分

根据考核的时间划分,可以分为定期考核和不定期考核两种。定期考核是按照一定的时间和既定的考核项目进行考核,可分为年考核、半年考核、季考核、月考核等。不定期考核主要是某些专项性考核,如选拔性考核、开发性考核。

4. 根据考核的对象划分

根据考核的对象划分,可以分为对职工的考核、对领导的考核(领导干部中又可以分为高层领导和中层领导)、对科技人员的考核等。考核的对象不同,标准和要求就有所不同。

(二)绩效考核的原则

绩效考核的结果将会直接影响到人力资源管理政策的正确性和可操作性,因此,在绩效考核的过程中应该遵循以下几个基本原则。

1. 公平客观原则

在绩效考核进行的时候,最先需要遵循一个基本的原则,那就是公平客观。考核的结果会对员工的积极性造成很大的影响,如果做不到公平客观,会在很大程度上引发员工的不满情绪,最终导致企业或组织的发展不顺。只有公平客观地进行绩效考核,才能真正发挥考核应该具有的作用。要想让员工认可绩效考核的结果,进行客观公平的考核是必要的。

首先,在选择考核方式和标准的时候,需要考虑实际情况,一定要根据具体的情况来制订有效可行的绩效考核方案。其次,在考核结束之后,对考核结果的分析和评价也要保持客观公平。

2. 公开透明原则

在绩效考核进行的时候遵循公开透明的原则也是非常必要的。绩效考核的过程要对被考核者公开,考核的过程不该保持神秘感。只有遵循公开透明原则,被考核者才会相信考核的公平公正,绩效考核体系才能得到不断的完善。

3. 严格原则

考核严格指的是要有严肃认真的考核制度,在明确考核目的、选择考核方式、制定考核标准、评价考核结果的时候都应该遵循严格的流程。考核的结果关系到员工的切身利益和企业的长远发展,如果流于形式,就会失去考核的意义。考核严格是对被考核者和企业的一种尊敬,可以真实地反映员工的工作情况。

4. 及时反馈原则

在现代人力资源管理系统中,缺少反馈的考核是没有任何现实意义的,没有积极反馈的绩效考核,是无法真正激励和帮助员工改进绩效、提高员工能力的。要将考核结果反馈给考核者本人,以起到考核的教育作用,这是保证考核民主的重要手段。同时还有助于防止考核中可能出现的偏见以及种种误差,以保证考核的公平与合理。

5. 差别化原则

每个企业都有不同的岗位,对待不同岗位的员工,绩效考核的方式和目的是不同的,具有明显的差别。只有遵循差别化原则,才能鼓励员工积极工作。

6. 全面性原则

绩效考核还需要遵循全面性原则,人是企业里最复杂的因素,在对他们进行考核的时候,不能单从一个方面或几个方面考虑,而应该全面进行综合考核。选择考核方式的时候要有所权衡,让考核方式多样化,形成企业全方位的立体考核体系。

7. 可行性原则

可行性是指任何一次绩效考核方案所需要的时间、人力、物力、财力等都要为参与考核的各方所处的客观环境所允许。这就要求制订绩效考核方案时必须对限制因素、目标效益、潜在的问题等进行可行性分析,以便考核方案更加合理、可行。

三、绩效考核的内容和作用

(一)绩效考核的内容

绩效考核的内容包括业绩考核、能力考核和态度考核。不同部门和不同职位的员工,其考核权重也不同,各部门应根据各职位的要求来确定其权重所占比例的大小。

1.业绩考核

业绩考核是所有工作关系中最本质的考核,它能直观可感地体现出员工在企业中价值的大小。业绩考核的项目与重点如表4-1所示。

表4-1 业绩考核项目与重点[①]

考核项目	重点考察内容
任务完成	是否以公司的战略方针为准则,依照计划目标将业务完成,使其成果的质与量都达到要求的标准
工作质量	业务处理的过程或结果是否正确,是否都达到了标准
工作数量	规定期间内的业务处理量或数额是否达到标准或计划内要求的水平,工作的速度或时效的把握情况如何

2.能力考核

能力与业绩有着显著的差异,业绩是很直观的东西,而能力是内在的,是难以衡量和比较的。员工能力考核是考核员工在岗位工作中显示和发挥出来的能力,具体考核项目和重点如表4-2所示。

表4-2 能力考核项目与重点[②]

---

① 吴刚.绩效管理[M].北京:清华大学出版社,2016:99.
② 夏天,马丹.人力资源管理[M].北京:冶金工业出版社,2018:207.

考核项目	重点考核内容
经验阅历	生活、生产的经验阅历如何？知识与经验丰富的程度，思想认识水平高低，对外界事物分析、判断、理解的能力
知识	业务所需要的"实际知识""相关知识"以及"社会的常识"
技能熟练程度	执行本岗位工作的技能熟练程度，感知力、识别力、耐力要求
判断能力	以正确的知识、技能、经验为依据，能准确把握事物的现状，及时做出正确的结论，以及随机应变地采取相应对策的能力
理解能力	以知识、经验为依据，能把握业务中发生的事物的本质，能充分理解其内容，对将来可能发生的变化可从容应对的能力
研究能力	为了执行工作业务，是否经常组织有关的调查研究，并将研究成果运用在业务上
创新能力	经常保持不断探索的心态，灵活运用业务上的知识经验并能改善业务，对业务的发展有自己独到见解和创意的能力
改善能力	能面对目前的有关问题，研究改善、提升效率或创造新的业务处理方式，以及采用任何手段、方法等的思考能力
企划能力	能对企业发生的事件进行综合分析，并在理论上找到依据，使其系统化，为实现工作目标提出具体对策和计划的能力
计划能力	为了达到目标，能从理论与实际相结合的方式进行密切的分析，提出有创造性的方案或能否结合工作环境和条件提出计划
领导能力	为了提高下属的知识、技能水平，能否做出指导或启发，能否与下属沟通，相互信赖，同心协力地一起工作，从而指导下级，统率全局，提高效率
协调能力	为了达成目标，能否与企业员工围绕生产经营管理中出现的各种问题进行圆满的沟通、协调

3.态度考核

态度考核是考核员工为完成某项工作而付出的努力程度，比如是否有干劲、有热情，是否忠于职守，是否服从命令等。工作态度考核主要考核员工对待工作的态度和工作作风，具体考核项目和重点如表 4-3 所示。

表 4-3　态度考核项目与重点[①]

考核项目	重点考核内容
积极性	是否经常主动地完成各种业务工作,不用指示或命令也能自主自发地努力工作,不断改善工作方法
热忱	是否在执行业务之际,以高度的热忱面对挑战,认真而努力地工作,表现出不达目的绝不罢休的态度
责任感	是否能自觉地尽职尽责工作,在执行公务时,无论遇到何种困难都能不屈不挠、永不放弃。对自己或下属的工作或行为,应自始至终表现出负责的态度
纪律性	是否遵守有关规定、管理、标准或上司的指示,忠于职守、表里一致,有秩序地进行工作
独立性	是否在职权范围之内,能进行自我管理,不依赖上级或同事,能在准确判断之下,自主、自立、自信地处理业务
协调性	是否能协调好上下级、同级以及与外界的关系,并能创造和谐的工作环境,圆满完成上级指派的工作

(二)绩效考核的作用

绩效考核可以使管理者了解和掌握组织成员的工作情况,有助于对企业人力资源进行有效的控制和使用,是人力资源管理不可缺少的一个环节。具体来说,绩效考核的作用主要表现在以下几个方面。

1.为员工薪酬管理提供依据

为员工薪酬管理提供依据是绩效考核的一个重要作用。绩效考核之后,员工会得到与其工作情况相符的评价,这个评价有可能是描述性的,也有可能是量化的。但是其都可以作为调整员工薪酬和对员工薪酬进行管理的重要依据。因此在绩效考核的过程中,应坚持公平公正和公开透明的原则,以增强考核结果的说服力,获得员工的认可。

---

① 夏天,马丹.人力资源管理[M].北京:冶金工业出版社,2018:207.

2. 为员工的职务调整提供依据

绩效考核不仅可以考察员工的具体工作情况,而且可以了解员工与岗位的适配情况,这个会关系到员工的职务调整。企业根据考核的结果确定员工的职务变动,是升职还是降职,是调岗还是辞退。这是一种科学合理的评判,员工也不会有异议。

3. 为员工培训提供依据

有效的员工培训必须针对员工目前的行为、绩效及素质同其职务规范、组织发展要求方面的差距进行,以确定培训目标、内容及方式。通过绩效考核,可以发现员工的长处与不足、优势与劣势,从而根据员工培训的需要,制订具体的培训措施与计划,最大限度地发挥每个员工的创造力,激发他们的潜力,为企业的发展注入更多的生机与活力。

4. 为上级和员工之间提供一个正式沟通的机会

上级和员工的沟通对企业而言是非常重要的,而在一般的工作时间,是没有这样的机会的。但是在绩效考核的过程中,管理者和员工可进行深入持久的沟通。在这个沟通的时期内,不仅管理者可以很好地了解员工的工作情况和性格气质,员工也可以更直观地了解管理者的管理理念和计划。这对于双方而言,都是十分珍贵的机会,可以促进双方的了解和信任,进而增强企业的凝聚力。

5. 让员工清楚企业对自己的真实评价和期望

虽然管理者和员工可能经常会见面,并且可以经常一起讨论工作上的一些计划和任务,但是如果没有绩效考核,可能管理者不会告诉员工他在企业中的地位和作用,这样就可能导致员工在不清楚企业对自身评价的基础上,错误地估计自己在组织中的地位和作用,造成一些不必要的麻烦。而绩效考核明确规定了管理者必须向员工说清楚企业对他的评价,这样才能让员工更好地认清自己,减少一些不必要的抱怨;也可以帮助和促进员工自我成长,通过绩效考核,得到组织的承认和主管的肯定,可以更好地激励其发挥技能和潜力。员工如存在不足和缺点,通过绩效考核,能促使其清醒认识自己的差距,可以起到鞭策作用。

6.为企业组织决策提供参考依据

通过绩效考核,可以了解生产、供应、销售、财务等各种职能部门的运行情况与存在的问题,从而为组织的有关决策提供参考依据。

第二节 员工绩效考核的过程和方法探索

一、员工绩效考核的过程

绩效考核应按照规范合理的程序进行,以确保考核的科学性和有效性。一般而言,员工绩效考核要经历以下几个阶段。

(一)制订绩效考核计划

考核计划是绩效考核得以有序进行的前提和保证。制订可行性和操作性都很强的绩效考核计划,需要从以下几个方面着手。

第一,要明确绩效考核的目的和对象,不同的考核目的面对的考核对象是不同的,需要予以明确。

第二,要在多样的考核方法中选择最合适的,不能生搬硬套。同时,根据考核目的和考核对象的特点,确定考核内容的重点和难点。

第三,确定了考核目的、对象、内容和方式之后,就要选取合适的时间进行考核。

(二)确定绩效考核的标准和方法

1. 确定绩效考核的标准

绩效应以完成工作所达到的可接受的条件为标准,不宜定得过高。由于绩效标准是考核评判的基础,因此,必须客观化、定量化,具体做法是将考核要素逐一分解,形成考核的评判标准。其中,考核标准包括绩效标准、行为标准及任职资格标准。任职资格标准也称职务规范或岗位规范。确定考核标准与前述的考核内容有类似之处。

2. 选择或设计考核方法

根据不同考核目的,选择、设计不同的考核方法。考核方法的选择、设计首先要解决的问题是考核需要掌握哪些信息,从何处获取这些信息,以及采用何种方法收集这些信息。

(三)确定绩效考核人员

考核人员的选择和确定至关重要,这会直接影响到考核的过程和结果。考核人员需要具备以下几个条件。

第一,考核人员应该是对被考核对象十分了解的人员,他们应该是有足够实践了解、接触和观察员工的人。

第二,考核人员必须具备将观察结果转化为可利用评价信息的能力,而且在考核的过程中,应该尽可能地避免误差和偏见。

第三,评价人员要有动力提供真实的员工绩效考核结果。如果考核结果的质量和考核人员的奖金能够结合在一起,那么考核人员将会更有动力去做出精确和客观的评价。

(四)实施绩效考核

考核实施是指对员工工作绩效的切实考核、测定和记录。这一阶段的主要任务是了解被考核人员的工作行为和工作结果的实施情况。在了解实际情况的过程中,一定要实事求是、全面准确地收集反映员工工作绩效的有关资料。主要做好以下几方面的工作。

1. 收集信息资料

收集信息资料是考核实施阶段的中心工作。应根据考核目标确定需要哪些信息,从何处获得这些信息,采用何种方法收集这些信息。不同的考核人员提供的信息来源对人力资源管理中的各种目标具有不同的意义。不同的评价标准,所得到的员工业绩考核信息对人力资源管理中的各项目标也具有不同的意义。

2. 分析评价

根据考核目的、对象、选定的方法以及收集的信息进行分析评价工作。分析评价是一个由定性到定量再到定性的过程,一般包括以下几点内容。

(1)等级评定。对员工每一个评价项目,如工作质量、出勤、协作精神等方面评定等级,一般可分为五级。五等级评定一般可按表4-4进行。

表4-4 五等级评定

等级	优秀	良好	中等	合格	不合格
表现	非常出色	比组织期望水平高	达到组织期望水平	比组织期望水平低,但不妨碍业务	水平低,已妨碍业务
以出勤为例	全勤无迟到	几个月无迟到	每月允许迟到1~2次	每月迟到3~4次	每月迟到5次以上

(2)评价项目的量化。为了将不同性质的项目综合起来,就必须分别予以量化,即赋予不同评价等级以不同数值。

(3)同一项目不同考核结果的综合。有时同一项目由若干人对某一员工同时进行考核,但得出的结果不一定相同。为综合这些考核的意见,可采用算术平均法或加权平均法综合。

(4)不同项目考核结果的综合。在评价一个员工总体能力时,要将其知识、判断能力、社会交际能力等综合起来考虑。又如要决定一个员工是否提薪时,要将其工作成绩、工作态度、工作能力等综合起来看。

(五)进行绩效考核反馈

绩效考核反馈是指将考核结果通过一定的方式反馈给被考核者。考核结果只有被员工理解和认同,才能促进员工改进工作业绩,为此必须进行考核结果的沟通。其中考核反馈是关键环节,需要掌握相应的方法和技术。绩效反馈的方式可以分为正式和非正式、定期和非定期的。具体有以下几种方法。

1. 正式的工作总结

总结一段时间以来的工作目标、工作进程、出现的问题、需要提供的支持与帮助、设备仪器的使用需求状况、培训需求状况等。

2. 员工和主管面谈

这种面谈非常灵活,可以是工作间隙的面谈,也可以是专门安排的面谈,定期或非定期的都可以。通过这种方法,可以及时准确地掌握员工的绩效动态,是绩效反馈的主要方法。

3. 非正式的走动管理

走动管理是指主管人员在员工工作期间不时地到员工的座位附近走动,与员工进行交流,解决员工提出的问题。主管人员对员工的及时问候和关心,即使不能解决工作中的难题,起码也可以使员工感到压力减轻,感受到鼓舞和激励。

4. 工作空隙时间的沟通

主管人员可以利用各种各样的工作间隙与员工进行沟通,例如与员工共进午餐,在喝茶的时候聊天等。通过这种非正式的、轻松的聊天方式,可以发现员工在正式场合下不愿吐露的绩效问题。

(六)运用绩效考核结果

绩效考核并不是最终目的,因此要特别重视考核结果的运用。在绩效考核过程中获得的大量有用信息可以运用到企业人力资源管理的各项活动中去。绩效考核结果的运用主要有两方面:一是确定员工的报酬,包括工资、奖金和工作晋升。这是对于员工贡献的经济回报依据。二是改进员工的工作,包括解决绩效问题,采取改进措施。这是为了提高员工价值所进行的人力资源开发。

二、员工绩效考核的方法

(一)比较法

员工绩效考核的比较法包括以下几种具体的方法。

1. 排序法

排序法是一种相对比较的方法,主要是根据某个考核要素的表现从绩效最好的员工到绩效最差的员工进行排序。其又分为简单排序和交替排序。以交替排序法为例,其操作方法如下:首先,列举需要进行考核的所有员工名单。其次,运用表 4-5 所示的表格来确定在某个考核要素上,哪位员工表现是最好的,将他排在第一个位置上;哪位员工表现又是最差的,将他排在最后一个位置上。再次,在剩下的员工中再挑出最好和最差的,将他们分别排在第二个位置及倒数第二个位置上,依此类推,直到所有被考核对象都排列到表格中为止。

表 4-5 交替排序法[①]

考核要素1				考核要素2			
序号	员工姓名	序号	员工姓名	序号	员工姓名	序号	员工姓名
1		11		1		11	
2		12		2		12	
3		13		3		13	
4		14		4		14	
5		15		5		15	
6		16		6		16	
7		17		7		17	
8		18		8		18	
9		19		9		19	
10		20		10		20	

排序法的优点是简单实用,考核结果一目了然,有利于识别出绩效好的员工和绩效差的员工。对于某个考核要素上绩效有问题的员工,可以将其认定为在该方面培训的重点对象。从这个角度来说,排序法能够为员工培训提供依据。排序法的缺点:当被考核的员工较多的时候,要准确地将他们依次排列费时费力,效果也不一定好;而且,当个人的绩效水平相近时难以进行准确排序。另外,如果存在工作性质差异,或是对不同部门的人员进行考核,则该方法并不适用。

2. 成对比较法

成对比较法是根据考核要素,把所有的被考核者分别按两两一组的方法进行比较,并判断优者和劣者。如优者为1分,劣者为零分,然后综合其结果,得出最终的序列和成绩。现举例如下:假设一个被考核小组为6人,分别排在表上,如表4-6所示。

---

① 宋源.人力资源管理[M].上海:上海社会科学院出版社,2016:262.

表 4-6　成对比较法[1]

姓名	A	B	C	D	E	F	总分	成绩
A	×	1	1	0	1	1	4	良
B	0	×	1	0	1	1	3	良
C	0	0	×	0	1	1	2	中
D	1	1	1	×	1	1	5	优
E	0	0	0	0	×	0	0	差
F	0	0	0	0	1	×	1	中
合计							15	

进行两两比较,如第1行,A与A相比较,即自己与自己比较用×代替;A与B相比较,A优于B,所以在第1行空格内打1分,在第1列B的空格内打0分;接着A与C相比较,A优于C,在第1行打1分,在第1列C的空格内打0分。依此类推:A与小组所有的人相比较完后,轮到B与所有的人相比较,因为A与B在第一轮中已比较过了,所以从B与B开始比,B与B比较用×代替,B与C比较,B优于C,在第二行B的空格内打1分,在第2列C的空格内打0分。一直到所有的人都两两比较完毕,然后从每列计算每个人的总分。本列A为4分,B为3分,C为2分,D为5分,E为0分,F为1分。然后,确定成绩的优劣。

这个方法的优点是准确性较高,而且考核者在考核过程中很难预先判断每个被考核者的最终成绩,因此,可以避免考核者的主观影响。但这种方法的缺点是一次考核的人数有限,手续烦琐,工作量大。

(二)量表评定法

量表评定法是考核者根据设计的等级考核量表对被考核者进行考核的方法。这种方法从定性和定量两个方面进行考核,适用于被考核者人数不等的考核工作。其具体方法:先设计等级考核量表,列出考核的绩效因素,再根据被考核者的真实情况对照

---

[1] 葛正鹏,李芸.人力资源管理[M].3版.北京:科学出版社,2016:177.

每一绩效因素,将被考核者分成若干等级并给出分数。如表 4-7 所示,考核者对被考核者进行等级评定和打分,最后加总得出总的考核结果。

表 4-7 员工绩效考核量表示例①

员工姓名:	职务:	考核日期:			
工作部门:	工号:	考核人:			
工作绩效维度	绩效等级				
	优:5分	良:4分	中:3分	差:2分	很差:1分
工作质量					
工作数量					
组织能力					
工作态度					
创新意识与行为					
考核人意见:			优:完成任务特别杰出		
员工意见:			良:完成任务较好		
人力资源部门审核意见:			中:基本完成任务		
考核人签名:　　　　员工签名:			差:勉强完成任务		
负责人签名:			很差:不能完成任务		
备注:					

运用量表评定法进行绩效考核,可实现量化考核,可操作性较强,其缺点是容易出现主观偏差,等级宽泛,难以把握尺度。对考核量表的设计,特别是维度的选用和确定需要较多的前期准备工作,要根据被考核者的实际情况来确定。

(三)分定考评法

分定考评法是运用定量的方法,对各项考评指标进行计算,并根据计分的多少来评定考评结果。这种方法比较科学合理,适合全面综合性的考评。这种方法的基本原理是分类、分级、定时和定量。

---

① 葛正鹏,李芸.人力资源管理[M].3 版.北京:科学出版社,2016:179.

分类，就是按工作人员从事的工作性质进行分类。

分级，就是按工作人员所担任的职务进行分级。

定时，就是对工作人员进行定期考评。

定量，就是按照事先规定的考评项目，凭考绩计分，可用百分制、百分比、累加和、平均值等表示，一般采用百分制。每一单独项目的考绩和所有项目的总考绩，均用百分制计分。单项考评成绩乘以此项的百分比系数，即为该项考绩的有效分值。各项有效分值的累加之和，即为有效总分值。

分定考评法，适合于考评各类工作人员，如科技人员、管理人员、工程技术人员、情报资料人员、党政干部等。需要注意的是，对不同的考评对象，其考评内容的设计，考评的侧重点，以及计分标准、评分办法等，应有所不同。该方法的不足之处是计算烦琐。

在分定考评法里，100分为满分，90分以上为优秀，90分以下（不含90分）至80分以上（含80分）为良好，80分以下70分以上（含70分）为中等，70以下60分以上（含60分）为合格，60分以下（不含60分）为不合格。

（四）目标管理法

目标管理法也称工作成果评价法，是按照员工的工作成果进行考评的方法。目标管理的设计思想是通过有意识地为员工设立一个目标，实现影响其工作表现的目的，进而达到改善企业绩效的效果。其核心是围绕组织战略，通过上下级管理人员与员工进行充分沟通，共同定制组织目标，并把组织目标经过层层分解，具体化至组织的每个部门、每个层次、每个成员，明确规定每个单位、部门、层次和成员的贡献和奖励报酬等一整套系统化的管理方式。

目标管理法的优点非常明显：第一，由于考评的目标明确，将下属的目标融入组织目标之中，个人目标与组织目标有机结合，因而能激励员工忠于职守、努力工作；第二，员工的目标是本人参与设定的，在实现业绩目标后，员工会有一种成就感；第三，主管人员和下属共同讨论、制定下属的绩效目标、经验目标的标准,这样有助于发挥下属的自主性和创造性,促进员工的自我发展;第四,促进良性沟通,加强上下级之间的联系。

目标管理法作为一种现代管理的绩效考核方法也有一定的局限性:目标管理多用于短期目标,对有些工作难以设定短期目标的就不适用;适用于从事工作独立性强的人员考核,如管理人员、专业技术人员以及销售人员等,而对从事常规水平的工作人员并不适用,如流水线上的工人;在一些情况下,员工在设定目标时偏宽松;一些管理者对"放权"存在抵触情绪。

(五)关键事件法

关键事件法是主管对下属与工作相关的优秀事件和不良行为进行记录,并在预定的时间内进行回顾考评的一种方法。在运用关键事件法时,负责考评的主管人员将每一位员工在工作活动中所表现出来的非同寻常的良好行为或不良行为记录下来,形成一个书面报告,然后在每半年左右的时间里,主管人员和员工根据所记录的特殊事件面对面地讨论员工的工作绩效。关键事件法一般与其他方法结合使用,作为其他方法的一种补充。

关键事件法的优点:针对性强,不易受主观因素的影响。此考核方法是对事件进行的记录,是对具体员工素材的积累。根据这些事实,经过归纳、整理和总结可以得出可信的考核结果,从中可以看到被考核员工的长处和不足。如果将此信息反馈给员工,有事实根据的信息易被考核员工接受,有利于员工今后继续发扬优点,改掉缺点,从中得到提高。

关键事件法的缺点:基层管理者的工作量较大,要求他们在考核过程中不能带有主观意识。这在实际过程中往往很难做到,但是可以通过员工自己的周报、月报来弥补此不足。这种方法被国内外许多大公司普遍采用。

(六)360度绩效考核法

360度绩效考核法,又被称为全方位考核法。360度绩效考核系统是由被考核者的上级、同级、下级和(或)内部客户、外部客户甚至本人担任考核者,这些考核者一般与被考核者在工作上接触较多、对其没有偏见,对被考核者进行全方位的考核。考核的内容涉及员工的任务绩效、管理绩效、周边绩效、态度和能力等多个方面。考核结束后,再通过反馈程序,将考核结果反馈给本人,以达到改变行为、提高绩效等目的。

与传统绩效考核方法工具相比,它具有以下优势。

首先,360度绩效考核法相对于传统绩效考核方法来说是可以在一定程度上保证公平公正的。360度绩效考核法得到的加权平均值使我们从统计学的角度相信它是减少了个人主观因素的比较客观的结果,是对员工自身特点拟合度更高、更可信的数据。实施360度绩效考核法的过程中,被考核者并不是被动地等待考核者的考核,而是有机会自述自己的情况,也可以对他人进行考核。在这样的互动里,得到的信息真实性很高。

其次,360度绩效考核法有效地加强了企业各个部门之间的沟通。360度绩效考核法是一个多方互动的过程,上级对员工的岗位和员工工作的内容必须有相当的了解。这种方式无形中拉近了双方的关系,在以后的相处过程中,也会让双方减少矛盾。

最后,这种考核方法大大减少了人事部门的工作量。360度绩效考核法可以更为客观地考核结果,进而使得人事部门的后续工作易于推行。

第三节 员工绩效考核中的偏见与误差分析

一、员工绩效考核中常见的偏见

(一)晕轮效应

晕轮效应又称光环效应,指人们对他人的认知判断主要是根据个人的好恶得出的,然后再从这个判断推论出认知对象的其他品质的现象。本质上这是一种以偏概全的认知偏差。考核者在考察被考核者的工作时,因为被测评者的某个特性而去推断其他特性,出现"一好百好,一差百差"、以偏概全的考核偏差。

(二)偏见效应

偏见效应其实是一种惯性思维偏见,一个人如果在主观上对某种群体有一个固定的印象之后,很容易产生这种偏见。在绩效考核中,员工的某些共性特征,如民族、性别、年龄等会对绩效考核产生影响。对某一类人具有偏见的考核者会将这个偏见转移到被考核者身上,而忽视其他特质。偏见效应作用的结果可能高估一些员工的绩效,同时也可能低估另一些员工的绩效。

(三)近因效应

绩效考核通常是对员工在过去的较长一个特定时期(如半年或一年)的工作行为表现和工作业绩的考核。但是,由于记忆时效规律的作用,考核者往往对被考核者最近行为的记忆要比遥远的过去行为更加清晰。因此,他就容易把被考核者最近的行为表现作为评价其绩效的主要事实依据,而忽视其过去远期的行为表现甚至会以近期的记忆来代表被考核者在整个考核期间的绩效表现,从而造成考核误差。这种心理现象即所谓的近因效应。实际上,每位员工一般都清楚绩效评估的时间安排,有些员工便会有意或无意地利用近因效应,在临近考核的一段时间做出较为出色的表现。在这种情况下,近因效应常常使考核者高估被考核者的绩效。

(四)感情效应

感情效应是指考核者有可能带着个人感情进行绩效考核,在考核中随着自己对被考核者的感情好坏、亲疏程度而自觉或不自觉地对被考核者的绩效做出偏高或偏低的考核结论。

(五)类己效应

类己效应是指考核者在考核时,当发现被考核者在某个或某些方面,如在籍贯、经历、母校、所学专业或所从事的专业工作、志向、业余爱好等方面与自己相类似或具有共同点,便有意、无意地产生一种亲近感,从而就会对其做出带有感情色彩的偏高的考核结论。

二、员工绩效考核中出现误差的原因

(一)考核信息不对称

所谓考核信息不对称,是指在实际的绩效考核过程中,各类考核者收集和使用的考核信息与被考核者的绩效表现不完全对称。造成考核信息不对称的原因,一是由于组织内职位种类多、员工人数众多且都存在一定差异,各类考核者实际上很难都能深入、全面地了解被考核者工作的特点、绩效的体现、努力的难点等方面的信息;二是被考核者(他们同时也是考核的参与者)有时也可能会因自身或外部条件限制而不能全面了解组织对自己的绩效期望和要求;三是因为考核一般是一个时间相对较长的阶段性工作,在没有建立全程工作活动、工作行为表现的系统化文字记录的情况下,考核时所能收集到的并作为考核依据的信息,往往会因为人们记忆的不客观、不可靠而存在先天缺失。同时,即使是有文字记录的信息也存在被扭曲的可能。所有这些都会造成考核信息不对称,从而导致考核误差的发生。

(二)考核方法的选择失当

虽然存在很多绩效考核的方法,但是每一种考核方法都不是完美的,都有各自的优缺点,适合于不同的企业。如果在选择考核方法的时候,没有关注自身的特点,而是生搬硬套,认为适合别人的也适合自己,那么就很容易产生考核误差。

(三)考核指标体系不明确

建立和采用一套明确、适当的指标体系,是成功有效地进行绩效考核的必要条件之一。但是,在实践中,不少企业和非营利性组织的绩效考核往往缺乏明确的指标体系;或者指标体系不完善、不适当;或者指标的含义模糊不清,容易被曲解,容易引起不同的理解;或者虽有指标体系,却没有适当的评分标准,难以得出量化的考核结果,等等,都会造成人为的考核误差。

(四)考核程序不完备

这也是造成绩效考核误差的常见原因之一。很多企业在实施绩效考核的过程中,并没有按照事先制订的计划来,考核程序被分隔、调换,不能发挥应有的作用。考核者和被考核者无法进行正常的双向沟通就会导致所获得的考核信息失真,进而导致考核产生这样或那样的误差。

三、员工绩效考核中偏见与误差的解决

(一)塑造优秀的组织文化

绩效考核并非只是企业管理者或者某一部分人的事情,而是组织中全体员工都要共同参与的事情;从整体来看,大家人人都是被考核者,同时又都是他人的考核者。只有经过长期不懈的努力,在组织中建立起优秀的组织文化,形成浩然正气;造就"比、学、帮、超"的良好氛围环境,才能避免或减少组织文化带来的考核误差和偏见,提高整个组织绩效考核的有效性。

(二)创造和提供良好的组织条件

第一,组织的最高决策层领导者要真正高度重视绩效考核工作,并给予切实有效的支持。

第二,要着力建立和健全正常化、规范化、可持续的绩效考核

制度,保持考核工作的连续性,避免领导者的主观随意性。

第三,全面开展工作分析,以确定各种职位、各项工作哪些绩效要素是成功地完成本职位的工作所必需的。只有搞好工作分析,才能为合理确定绩效考核标准和考核指标体系提供科学的依据,也才有可能减少或避免因之造成的考核误差。

第四,建立全面的员工工作活动、绩效表现的日常记录制度,将之列为人力资源管理的一项重要基础工作,长期地坚持下去,为减小考核信息不对称提供有效的支持,也为正确运用考核工具或方法提供必要的条件(如提供客观的关键事件信息资料),以减少考核中的主观性和随意性。

第五,真正地把绩效考核的结果作为组织进行相关人事决策及决定员工薪酬待遇和奖惩的基本依据,以保证考核的严肃性,使广大员工能够自觉地、认真地、严肃地对待考核工作。

第六,在绩效考核的实施中,坚持发扬民主精神,让每个员工高度参与。为此,尤其要在实施考核的程序上重视员工个人自评、绩效面谈和考核结论反馈等工作环节的建立与执行。

(三)选择正确的考核方法

上面我们提到了五种企业常用的绩效考核方法,它们各自都有其优点和缺点。要有效地减少和尽可能地避免考核误差的产生,正确地选择和运用考核工具常常是关键性的环节之一。

正确选择和运用考核工具,就是要根据考核对象的特点和考核的目的、目标和内容等,选择并采用适合的考核方法;同时,对所选取的考核方法设计开发出一套科学、合理、明确和容易理解与应用的考核标准及考核指标体系。这是有效减小或避免考核误差的基本保证。

在实践中,不少组织将几种优缺点互补的考核工具结合起来加以合理使用,一般都能收到良好效果。正确设计、开发和运用某种考核方法的关键,在于确保向所有的考核人和被考核人都提供没有法律漏洞的绩效标准;使用明确的绩效要素(数量、质量等），避免使用没有经过界定、含糊不清的、抽象的、不便于衡量的绩效要素等。

(四) 对考核者进行培训

组织中的各级主管人员等是绩效考核的执行者，在绩效考核中，他们掌握着很大的主导权。如果考核者不具备考核的资格，或者在考核过程中做不到公平公正，那么考核的结果就非常容易产生误差，即使选用了合适的考核方法也得不到真实的考核结果。

因此，考核者的选用非常重要，对考核者进行相关的培训也是非常必要的。应该培养他们公正客观的考核态度，再对他们进行正确使用考核工具的培训，以及如何避免和克服心理弊病可能引致的晕轮效应、近因效应、偏见效应、居中偏好等方面考核误差的培训。这也是有效避免和克服考核误差的重要积极措施或手段。当然，对考核者进行培训也并非是减少或避免各种绩效考核误差的万能手段。实践中，还有其他一些因素，如绩效考核结果与员工薪酬和奖惩在多大程度上联系在一起、工会的压力大小、时间约束的强弱、员工流动率的高低等，也都会影响到考核结果的精确度。

第五章 科学合理的员工薪酬设计

在现代市场经济中,薪酬管理是企业人力资源管理中最主要、最敏感的管理环节之一,会直接影响到企业的竞争力和发展。科学合理的员工薪酬设计可以保证员工得到经济上的保证和心理上的满足,从而在极大程度上激发员工的积极性和创造性,有利于企业和员工的共同发展。

第一节 员工薪酬的基本认知

一、薪酬的概念及属性

(一)薪酬的概念

薪酬含有劳动补偿、等价交换的意思,是指组织对员工所做的贡献,包括他们实现的绩效、付出的努力、时间、学识、技能和经验等所付给的相应的酬劳或回报。薪酬本质上是一种公平的交易或交换关系,它是与商品货币关系相联系的一个范畴。

薪酬的概念有广义和狭义之分。广义的薪酬是指经济类报酬和非经济类报酬两种。经济类报酬是指能够直接或间接地以货币的形式表现和衡量的各种报酬,包括员工的工资、津贴、奖金、成就工资和各种福利等。非经济类报酬是指员工因为参加组织的工作而获得的各种机会、工作自由度、满足感和成就感等。狭义的薪酬仅指经济类报酬。

在这里需要特别注意与薪酬概念相近的另一个概念:工资。

多年来,人们一直认为工资就是薪酬,将两者经常混为一谈。事实上,工资与薪酬是有一定区别的。工资是企业依照国家有关规定和合同要求,以货币形式直接支付给员工的报酬形式。其内涵小于薪酬,仅是薪酬的一个组成部分。

(二)薪酬的属性

薪酬的属性有以下几方面。

1.薪酬的契约属性

企业和员工之间存在雇佣关系,而雇佣关系是一种契约关系。薪酬作为企业和员工联系的一个重要内容,自然也具有极为鲜明的契约属性。劳动者需要和用人单位签订劳动合同,劳动合同以书面的形式确定了员工的薪酬条款。与此同时,企业和员工也会存在口头约定,而且企业也会有内部的奖惩规定,这些都表现出薪酬的契约属性。

由于薪酬具有契约属性,所以企业需要按照合同来为员工定期发放,不得拖欠。当薪酬调整的时候,意味着双方对薪酬做了重新的约定,同样需要双方遵守。

2.薪酬关系的不对等性

在雇佣双方所形成的薪酬关系中,双方的地位是不同的,处于雇佣地位的一方,占据较大的主动权,而处于被动的劳动者,其主动性几乎没有。签订劳动合同时,会规定薪酬的数额和发放时间,在这个过程中,这些内容规定的决策权大部分属于雇佣方,而被雇佣的一方只能被动接受。

3.薪酬的刚性和弹性

按照薪酬的契约属性,薪酬的数额和发放时间都是签订劳动合同时默认双方约定好的,这就是薪酬的刚性,意味着薪酬的不易变动,不管是降薪还是加薪都是不容易的。

薪酬的弹性指的是员工对薪酬的满意度相对于薪酬变化的反应程度。在企业内，薪酬的弹性可以从以下三个方面加以考察。

第一，薪酬的整体弹性。薪酬的整体弹性指的是企业的整体薪酬水平发生变化之后，员工整体对薪酬满意度的变化大小。

第二，薪酬的比价弹性。企业内部的人才不是一概而论的，而是处于不同的层次，有的人偏重理论，有的人偏重实践，这些不同层次人才的薪酬的比例关系就是薪酬的比价。薪酬的比价弹性就是薪酬的比价变化所引起的员工对薪酬满意度的变化大小。

第三，薪酬的差价弹性。薪酬的差价是指同一层次的人才因经验、任职年限、技能水平、岗位等因素的不同而产生的薪酬差别。薪酬的差价弹性就是薪酬的差价变化所引起的员工对薪酬满意度的变化大小。

4. 薪酬的增长性

从全社会的发展来看，薪酬具有不断增长的趋势，当然这个增长是指单个雇员平均薪酬的绝对额。这也就说明，企业在其发展中，需要定时或不定时地根据自身的经营情况适当地提高员工的薪酬水平。

5. 薪酬的保障属性

薪酬具有保障属性：一方面，员工通过自己的劳动获取薪酬，通过薪酬来满足自己以及家人的物质生活，按时发放薪酬是每个企业都应该做到的；另一方面，薪酬要满足员工在各个方面的利益，比如在生病的时候有医疗险，生育的时候有生育险，失业的时候有失业险。

二、薪酬的构成及作用

(一)薪酬的构成

1. 基本工资

基本工资是以员工劳动的熟练程度、复杂程度、劳动强度、责任大小、工作环境等为依据,并考虑员工的工龄、学历、职务和技能等因素,按照员工实际完成的劳动定额、工作时间或劳动消耗而支付的劳动报酬。基本工资是劳动者在一定组织中就业就能拿到的固定数额的劳动报酬,它的常见形式为小时工资、月薪和年薪等。基本工资是员工从雇主方获得的较为稳定的货币性经济报酬,它既为员工提供了基本生活保障,又是其他可变薪酬计划的主要依据之一。

2. 奖励工资

奖励工资又叫可变薪酬、激励薪酬或奖金,是薪酬体系中与绩效直接挂钩的部分,即薪酬中随着员工工作努力程度和工作绩效的变化而变化的部分。由于奖励工资的核心是运用了"分成"的机制,所以对员工有很强的激励性。实行奖励工资时,员工从经过自己努力而使组织新增加的成果和绩效(可具体到每一单位产品)中,可以拿到相应的报酬(好处),与组织或雇主就新增加价值和效益进行分成,这就使员工的劳动积极性得到激励。而当员工领取固定工资时,员工增加努力程度和劳动投入所增加的工作产出价值全部归组织或雇主所有,激励作用就不那么强烈、持久了。

奖励工资有短期和长期之分。短期奖励工资通常是建立在非常具体、短期就能衡量的绩效目标基础之上的,如月奖金、季奖金。长期奖励工资则把重点放在员工多年努力的成果上,旨在把员工利益与企业的长期利益"捆在一起",鼓励员工努力实现跨年度或多年度的长期绩效目标。比如有的公司员工所拥有的股票期权,许多企业的高管和高级专家所获得的股份或红利等,都属于长期奖励工资的范畴。

3.成就工资

成就工资是指当员工的工作卓有成效,为组织做出重大贡献后,组织以提高基本工资的形式付给员工的报酬。成就工资与奖励工资的相同之处在于它们都取决于员工的努力及对组织的贡献和成就;不同之处在于成就工资是对员工过去一个较长时间的成就的"追认",通常表现为基本工资的增加,是永久性的,而奖励工资是一次性的。

4.津贴

津贴是指根据员工的特殊劳动条件和工作特性以及特定条件下的额外生活费用而支付的劳动报酬,其作用在于鼓励员工在苦、脏、累、险等特定岗位工作。

5.福利

在《现代汉语词典》中,福利的意思是"对员工生活的照顾",是劳动的间接回报,包括带薪的节假日、医疗、安全保护、保险、各种文化娱乐设施等。福利的主要费用是由雇主或用人单位支付的,有时也需要员工个人承担一些项目的部分费用。在新时代薪酬管理中,福利是很多员工关注的一个重点,它体现了企业的人文关怀。

(二)薪酬的作用

从根本上说,薪酬的作用是使一个组织能够吸引、保留和激励所需的人力资源,从而保证组织的正常运行,顺利实现组织的预定目标。就事实来说,薪酬的作用主要表现在对个人和对组织两个方面。

1. 薪酬对个人的作用

薪酬对个人的作用主要表现在以下几个方面。

第一,员工通过劳动换取薪酬,可以满足个人和家庭的基本生活需要。

第二,员工可以通过薪酬实现自己的价值,同时,薪酬能够激发员工的积极性。薪酬的多少决定了员工的物质生活条件,是员工满足多种需要的经济基础,因此薪酬作为一种积极的强化物直接影响着员工的积极性。但是实践表明,员工的积极性的大小与薪酬的多少之间并不存在简单的线性关系,薪酬所激发的员工积极性的大小除与薪酬的多少有关,还与薪酬分配是否公平合理密切相关。如果薪酬分配不合理,不仅不能起到应有的激励作用,甚至可能适得其反。

第三,薪酬可以增强员工的组织归属感。合理的薪酬制度能使员工普遍地感到公平,自己的价值得到认可,因而能够减少矛盾和冲突,降低内耗,使员工感到心情舒畅,增加员工对企业的认同和情感依恋,使自己的发展目标与企业目标自觉统一起来,为实现企业的目标而努力工作。

2. 薪酬对组织的作用

薪酬对组织的作用主要表现在以下几个方面。

第一,维持劳动力的生产和再生产。企业的生产过程同时也是劳动力的消耗过程,员工作为企业的劳动力资源,在生产过程中会消耗一定的体力和脑力,而消耗的体力和脑力只有及时得到补充才能使企业的再生产过程顺利进行下去。员工通过劳动取得报酬来维持自身及家人的衣、食、住、行等基本需要,也可把部分薪酬用于教育子女和自己的学习进修,不断提高自己的技术和文化知识水平。从这种意义上说,薪酬是维持劳动力生产和再生产的基本条件。

第二,增值作用。薪酬既是企业使用劳动力的成本,也是企业用来交换员工劳动的一种手段,还是一种活劳动投资,它能够给企业带来预期的大于成本的收益。正是这种收益的存在,成为企业使用劳动力、投资劳动力的动力机制。

第三,配置作用。薪酬是一种重要的管理要素,从追求物质利益的角度看,人们一般会愿意到薪酬较高的地区、部门、岗位工作。因此,科学合理地确定薪酬结构和薪酬水平,可以引导组织内的员工向合理的方向流动,最大限度地做到适人适位,促进人力资源的有效配置。

第四,协调作用。薪酬既通过其水平的变动,将组织目标和管理者的意图传递给员工,促进个人行为与组织行为融合;又通过合理的薪酬差别和结构,化解员工之间的矛盾,协调人际关系。

要想使薪酬发挥应有的作用,管理者在薪酬管理过程中要注意以下几个方面。

首先,薪酬的外部公平性。这是指企业员工所得的报酬,与同地区、同行业或同等规模其他企业中完成类似工作的员工相比是否接近。企业要想使员工安心在本企业工作,薪酬水平与其他企业相比,差距不能太大;企业要想吸引急需的人才,薪酬的标准应具有竞争力。

其次,薪酬的内部公平性。这是指企业内部从事不同工作的员工,所得的薪酬应与他们所从事的工作的相对价值相一致。

再次,薪酬的公平性。同一企业中从事相同工作的员工的薪酬应与他们的绩效相一致

最后,机会的公平性。员工间的收入与贡献比相等,这是结果的公平,企业的奖酬制度要真正做到公平合理,除结果的公平性,管理者还要为员工创造机会均等、公平竞争的条件,人尽其才,才尽其用,才能最大限度地调动员工的积极性。

三、薪酬制度的影响因素

(一)企业的经济承受能力

企业的经济承受能力对其薪酬制度具有决定性的影响,如果

企业的产品畅销，利润丰厚，对员工的薪酬可能比较慷慨；反之，如果企业的经营已陷入亏损局面，企业给予员工的薪酬自然受影响。

(二)企业的业务性质与内容

企业薪酬水平的提高，可以调动员工的积极性，增强企业在人力资源竞争中的实力，但不可避免地导致人力成本的上升，而人力成本的提升对不同的行业具有不同的影响。在传统的劳动力密集型的企业中，员工从事的主要是简单的体力劳动，劳动力成本在总成本中所占比重较大，员工薪酬水平的提高可导致生产成本的大幅度上升，因此，在制定薪酬制度时企业不得不慎重对待；相反，在技术密集型企业中，员工从事的是复杂的、技术成分很高的脑力劳动，相对于先进的技术设备而言，劳动力成本在总成本中所占的比重不大，而员工的积极性和创造性对企业在市场中的生存与发展起着关键作用，因此，企业在制定薪酬制度时也往往比较慷慨和大方。

(三)劳动力市场的供需关系和竞争关系状况

在市场经济条件下，企业员工的工资是由劳动双方协商决定的，因此劳动力市场的供需关系与竞争状况对薪酬制度的影响很大。在经济增长较快，对劳动力需求大，而劳动力的供给又相对缺乏的情况下，企业付给员工的薪酬就会增加；反之，在经济萧条，对劳动力的需求量较小，劳动力供大于求的情况下，企业就会减人降薪。不同企业间的收入差距会导致人员流动，因此，本地区、本行业的其他企业，尤其是主要竞争对手所制定的薪酬政策与水平，对薪酬制度的影响非常大。一个企业要想在人力资源的竞争中处于主动地位，所确定的薪酬水平至少不能低于同行业的平均水平。目前，我国劳动力总量供过于求，但是，企业急需的各类高级专业技术人员和管理人员则不足，因此，随着人力资源市场的形成与完善，不同素质的劳动者之间的收入差距将会进一步拉大。

(四)国家的有关政策和法令

国家有关各类职工权益保护的政策和法令,如保护妇女和残疾人的有关规定,关于标准工作时间和延长工作时间的规定,以及最低工资保障制度等,都影响着企业薪酬制度的制定。

第二节 员工薪酬的科学合理设计

一、员工薪酬设计的原则

(一)合法性原则

合法性是员工薪酬科学合理设计的一个基本原则,如果不符合国家的规定,再科学的薪酬制度都不能存在。国家为了保护劳动者的合法权益,制定出台了很多相关的法律,各个企业的薪酬设计都必须严格遵循法律的约束和规定,劳动者在合法权益受到侵害的时候,也可以拿起法律这个武器来捍卫自己的权益。

(二)公平性原则

公平性原则包括内在公平和外在公平两方面的含义。

1. 内在公平

内在公平顾名思义就是指企业内部员工的心理感受。企业设计好员工的薪酬,制定好相应的薪酬体系之后,可以得到每一个员工的认可,不会让他们觉得自己的所得与付出不成正比,或者比别人差了许多,这就是内在公平。为了保障这种公平,需要企业在制定薪酬制度的时候坚持公正客观,同时要保持公开透明,只有员工感受到实实在在的公平,才能心无旁骛地工作。

2. 外在公平

外在公平指的是本企业提供的薪酬与同地区、同行业的标准薪酬水平是相符的甚至是具有竞争力的。这是企业可以招揽到更多优秀人才的前提，也是企业可以长久地留住优秀员工的保障。因此，企业在设计员工薪酬的时候，需要提前做好市场调查，对大环境下的薪酬水平有所了解。

(三)激励性原则

员工是需要激励的，无法激励员工的企业是留不住人的。激励性是制定薪酬政策的一个重要目的，即通过公正合理的薪酬政策来激励员工的工作行为，取得最佳的工作绩效。人力资源管理部门要在坚持按劳分配原则和公平性原则的基础上，使薪酬分配能根据员工的工作表现和工作贡献来适当拉开差距，起到奖勤罚懒、激励士气的作用，促使员工把工作做得更好。在新的历史条件下，缺乏挑战性、激励性的工作性质和管理行为，是难以满足员工的进取心理需要的，最终也必然会影响到对人力资源的有效配置。

一般企业支付给员工的薪酬不仅是对员工工作表现的肯定，更是通过薪酬体系来激励员工的责任心和积极性，进而提高企业的效益。一个科学合理的薪酬体系对员工的激励是最持久、最有效的。

(四)经济性原则

经济性原则从表面上看与激励性原则相矛盾，其实并非如此，只是两者的侧重点不同。激励性原则是从员工的角度出发，提供高薪资水平以提高员工的积极性；经济性原则是从企业的角度出发，考虑企业承受能力、利润的合理积累等问题。只有两者都考虑到，薪酬体系才能持久。

二、员工薪酬设计的过程

(一)制定薪酬策略

制定薪酬策略,也是要明确企业的总体发展战略。这是薪酬设计的前提环节,在薪酬设计中起着指导的作用。它包括对职工人生观的认识、对职工总体价值的评价以及对管理骨干及高级专业人才所起作用的估计等这类核心价值观的问题,由此衍生出有关薪资分配的政策和策略,如薪资等级间差异的大小,薪资、奖励与福利费用的分配比例等。

(二)进行职务分析

企业根据自己的经营目标确定相应的组织结构,形成一定的组织结构系统,然后通过职务分析,确定每一职务的工作内容和任职资格,这是建立薪酬制度的依据。

(三)进行职务评价

职务评价指的是采用一定的方法对组织中各种职位或工作岗位的相对价值做出评定,以作为员工等级评定和薪酬分配的依据。某一职务工作完成的难度越大,对任职者的素质要求越高,这一职务对企业的重要性也就越高,其相对价值和对企业的贡献也越大。职务评价是确保薪酬系统达到公平性的重要手段。常用的职务评价方法有以下几种。

1. 排序法

排序法是由负责职务评价的人员对企业中各个职位的重要性做出判断,并根据各职位相对价值的大小按照升值或降值顺序来确定职位等级的一种评价方法,其工作步骤如图 5-1 所示。

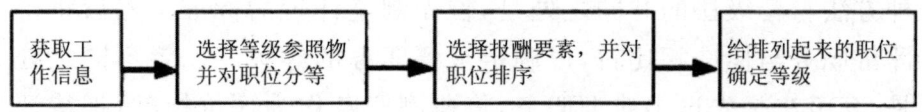

图 5-1　排序法实施流程①

排序法的优点是快速简单,容易操作,而且可以节省人力物力,让更多的员工认可,比较适用于职务层次比较少的企业。排序法的缺点是评价者的主观思想会对评价结果产生影响,而且不容易找到熟悉全部工作层次的人员。

2. 套级法

套级法可以在一定程度上克服排序法由于缺乏明确的评价标准所造成的误差。使用这种方法进行职务评价时,首先要确定一套等级标准,然后将待评价的职务与评价标准相比较,从而确定这一职务的相对价值或重要性。制定评价标准时,首先要将企业的所有职务大体划分为若干种类,如管理干部、工程技术员、销售人员等,然后根据复杂程度把每种职务分为若干等级,在划分的每类每级职务中,分别挑选出一个典型的职务来,并列出该职务的工作范围和任职资格。这些典型职务及相应的工作范围和任职资格,就是进行职务评价时所参照的等级标准。

用排序法和套级法进行职务评价时,都是仅对不同的职务做整体的定性比较,不进行维度细分,因而所做出的比较是粗线条的,评价的结果也只能将不同的职务按其对企业的相对价值或重要性大小排出顺序或等级,并不能指出各级间差距的大小,各个等级之间的差距也不一定相等,因此,评价结果对工作结构设计的参考价值是有限的。

3. 评分法

评分法是进行职务评价时应用得最为普遍的一种方法。这

---

① 王林雪.新编人力资源管理概论[M].西安:西安电子科技大学出版社,2016:206.

种方法与套级法的共同之处是,首先制定评价的标准。然后将待评价职务与标准相比较,以确定被评职务的等级。二者不同之处是,套级法是先选出典型职务,将典型职务作为评价标准,把待评职务作为一个整体与标准相比较;而评分法不是把整个典型职务作为评价标准,而是将职务分解为构成要素,以这些要素作为评价标准,这些要素反映了企业对职务承担的要求,是企业据以支付报酬的因素,因此被称为付酬因素。常见的付酬因素有与职务相关的专业知识、工作经验、工作的难度,所承担的责任以及劳动条件等。

4. 因素比较法

用因素比较法进行职务评价时,首先要选出一些标准职务,然后将被评价职务与标准职务相比较来确定其相对价值和工作报酬。所谓标准职务,是指员工比较了解和熟悉的,足以代表企业内各种类型职务的关键职务。因素分析法包括以下几个步骤。

第一,选择15~20个标准职务,并为每个标准职务提供简短而明确的职务说明和职务规范要求。

第二,根据企业的特点确定职务要素,通常包括从事某职务所需的技能、智力和体力消耗大小、所承担的责任轻重与工作条件等。

第三,为每一个标准职务的各因素分配薪值,即决定把各职务工资总额如何分配给各因素,确定因素的工资的比例。

第四,画出因素比较表,把各标准职务的工资和各因素的工资的排序情况以图表形式表示出来。

第五,对照因素比较表,对待评职务进行评价,确定该职务的相对价值和应得的工资。

在这四种职务评价方法中,因素比较法是系统化程度最高、比较完善的一种,可以直接从职务内容求出工资额,与评分法相比较,省略了从职务评分到工资转换的中间环节;因素比较法在职务要素上的赋值具有相对灵活性,可根据企业特点及待评职务的特殊情况作相应的特殊处理,因此比其他方法适应性更强。但是,因素比较法的开发难度较大,具体操作过程中的准确性和公平性会受主观成分的影响,因而在实际的职务评价中用得较多的还是评分法。

5. 要素计点法

要素计点法是一种比较复杂的量化职位评价方法,在当前的使用是较为普遍的。要素计点法包含三大因素:一是报酬因素;二是反映每一个报酬因素相对重要程度的权重;三是数量化的报酬因素衡量尺度。

在运用这种方法进行职位评价时,首先要确定影响所有职位的共有因素,并将这些因素分级、定义和配点,以建立起评价标准,然后依据这些标准对所有职位进行评价,最后将职位评价点数转换为货币数量,即职位工资率或工资标准。要素计点法的优点是,与非量化的职位评价方法相比,评价更为精确;允许对职位之间的差异进行微调;可以运用可比性的点数对不相似的职位进行比较。缺点是耗费的人力、物力和财力较多,耗时较长;在等级界定、权重确定等方面存在一定程度的主观性。

(四)调查市场薪酬

主要是对地区及行业的薪酬进行调查,在这一过程中,员工薪酬设计人员需要重点研究两个问题,第一是调查的对象是什么,第二是采取什么样的调查手段。

员工薪酬设计人员需要对本地区、本行业的薪酬情况进行调查,对薪酬水平有一个全面的了解,特别是需要对自己的主要竞争对手的薪酬状况有所了解。之后在制定本企业薪酬的时候,就可以做到心中有数,从而保证薪酬制度的外在公平性,而且可以保证企业与其他企业在薪酬水平的竞争上有一定的主动权。在调查的过程中,要注意手段的合法性,也要采取多种调查方法,确保调查结果的有效性。

(五)设计薪酬结构

薪酬结构是指在同一组织内部不同职位(或不同技能)薪酬水平的排列形式。企业必须设计合理的薪酬结构,一般而言,薪酬结构设计包括以下三个方面的内容。

1. 划分薪酬等级

划分薪酬等级的依据是通过职位评价所得到的职位的价值等级。如果使用要素计点法完成职位评价的话,则一般用点数来表示职位的价值等级。把薪酬点数基本相同的不同职位归纳在一起成为一个等级,因此,每一个薪酬等级应包括价值(点数)相同或相当的若干个职位。企业规模不同,薪酬等级的数量也不相同,大企业的薪酬等级数量比小企业的要多。以某企业为例,其划分薪酬等级主要有两种方式,如表 5-1 和表 5-2 所示。

表 5-1 根据职位评价点数对职位进行的排序[1]

序号	职位名称	职位评价点数
1	秘书	160
2	信息与统计项目经理	210
3	出纳项目经理	235
4	薪酬绩效项目经理	255
5	投资管理高级项目经理	270
6	外事服务高级项目主管	300
7	薪酬绩效经理	360
8	投资管理经理	370
9	财务管理经理	375
10	人力资源部总经理助理	415
11	财务部总经理助理	425
12	人力资源部副总经理	480
13	财务部副总经理	485

---

[1] 李春仙. 人力资源管理[M]. 北京:中国财富出版社,2015:176.

续表

序号	职位名称	职位评价点数
14	人力资源部总经理	545
15	财务部总经理	555

表5-2 根据点数分布进行职位等级划分[①]

职位等级	等级点数段	职位名称	职位评价点数
2	140～190	秘书	160
3	200～259	信息与统计项目经理	210
		出纳项目经理	235
		薪酬绩效项目经理	255
4	260～319	投资管理高级项目经理	270
		外事服务高级项目主管	300
5	320～379	薪酬绩效经理	360
		投资管理经理	370
		财务管理经理	375
6	380～439	人力资源部总经理助理	415
		财务部总经理助理	425
7	440～499	人力资源部副总经理	480
		财务部副总经理	485
8	500～559	人力资源部总经理	545
		财务部总经理	555

2. 确定薪酬的区间

薪酬区间,也就是薪酬等级的幅度(也称为薪级),是指每一个薪酬等级内最低薪酬到最高薪酬的变动幅度,它是组织中处于相同职位等级内的不同员工获得的不同薪酬的范围。我们知道,同一薪酬等级内的工作具有相同的薪酬标准,但是在相同职位上工作的员工对组织贡献和价值的大小,除了受职位本身价值的影

---

① 李春仙.人力资源管理[M].北京:中国财富出版社,2015:177.

响,员工个人的能力、经验、努力程度、绩效水平等因素也对其有影响。因此,在建立薪酬等级之后,还应该为每个薪酬等级设计一个合理的薪酬区间,这个区间反映了企业对某一特定职位,愿意支付给不同绩效或经验的员工的薪酬的合理差距。

3. 确定相邻薪酬等级间的交叉

从理论上讲,组织中相邻薪酬等级之间的薪酬区间可以设计成有交叉重叠的,也可以设计成没有交叉重叠的。然而,在实践中,大多数企业倾向于在薪酬结构中设计交叉重叠。相邻薪酬等级之间存在适当的交叉重叠有着重要的作用,主要在于:职位等级越高,职位的数量越少,人们基于职位的晋升空间也越有限,晋升所需的时间也越长;相应地,基于职位等级晋升来提升薪酬的机会也就越小,时限也就越长,这显然会对薪酬的激励效果产生负面影响。这时,如果存在相邻薪酬等级的交叉,那么在低薪等级上的员工也有了获得相邻高等薪酬等级上较高水平薪酬的余地和机会,特别是在得不到职位晋升而需要给予较高薪酬激励的情况下,交叉就提供了有效的空间。但是对于具体的薪酬结构中应设计多大的交叉程度,往往没有通用的标准,这主要取决于企业的实际情况。同时,交叉程度的大小也反映了企业的管理倾向:交叉程度越小,表示企业越鼓励低职位等级的员工通过职位的晋升来获得更高的薪酬,从而引导员工去寻求并接受晋升机会或所需的必要培训;相反,交叉程度大,表示企业不鼓励员工致力于职位的晋升,并控制员工晋升的速度。

(六)薪酬的管理与调整

薪酬管理是一个动态管理的过程,为了使相对静态的薪酬体系能适应组织外部环境和内部成长性的变化,需要对薪酬进行适度、适时的调整。

1. 薪酬的管理

薪酬制度的建立与完善,事关每一个员工的切身利益。若员工对企业薪酬制度的公平性产生怀疑,势必影响企业的凝聚力和员工的积极性。因此,薪酬管理的前提是使员工了解企业薪酬制度所依据的原理,信任并接受企业的薪酬制度。由于薪酬制度的直接依据是职务评价的结果,因此,首先必须让员工了解职务评价的基本原理、内容、程序及方法,增加评价过程的透明度,吸收员工参与职务评价过程,允许员工对评价结果提出质疑、发表意见,采纳员工的合理化建议。只有这样,评价结果才会得到员工的认可。其次在根据职务评价结果设置薪酬等级以及每一等级的薪幅大小时要统筹兼顾多方面的利益,广泛征求员工的意见,以确保所建立的薪酬制度的公平合理性。

2. 薪酬的调整

企业的薪酬制度确定以后,还要随企业内外环境的变化不断进行调整,从而保证其激励功能的正常发挥。企业薪酬调整的类型主要有以下几种。

(1)工龄调整。目前实行的结构薪酬制中,工龄工资是整个薪酬的组成部分之一。工龄的增加意味着工作经验的积累与丰富,代表着能力或绩效的提高,因此随着员工工龄的增加,其工龄薪酬也应随之增加。

(2)效益调整。这是企业根据自己的效益情况对薪酬进行调整。当企业的经营效益较好、盈利较多时,为回报员工对企业的贡献,对全体员工的薪酬普遍上调,但在经营效益欠佳时可能会再调回。因此,这种薪酬调整随企业经营效益的变化而变化,是暂时性的。

(3)生活指数调整。当发生通货膨胀时,尽管员工的薪酬没有减少,但物价的上涨使其实际购买力下降,从而造成实际收入的减少。为了确保员工的生活水平不致于因为通货膨胀而下降,企业常根据物价指数的变动情况对薪酬进行调整。

(4)奖励性调整。以上几种薪酬调整方法是面向全体员工的,不管增加的薪酬额是否相等,所有的员工均能获得调整。奖励性调整的范围则相对小一些,是为了奖励那些绩效突出、为企业做出较大贡献的员工,以使他们发扬优点,再接再厉。

第三节 新时代员工薪酬管理发展趋势

一、新时代薪酬管理思想

随着科技的发展,社会生产力得到了前所未有的发展,世界已经进入了经济全球化和知识经济时代。在这样的时代背景下,各个企业的管理也发生了巨大的变化,体现在员工薪酬的管理上,就是传统的薪酬管理理念已经不能够适应企业的发展。在新时代,薪酬管理思想发生了巨大的变化,主要表现在以下几个方面。

第一,从根本上来讲,对薪酬的管理就是对劳动生产率的管理。在新时代,企业对这一点非常看重,利用薪酬激励来激发员工的积极性,进而提高劳动生产效率。

第二,越来越多的企业开始认识到金钱的作用是有限的,虽然较高的薪酬确实可以起到巩固员工的作用,但绝不是长久之计,必须要在薪酬体系中,更多地关注能够起到激励作用的因素。

第三,很多员工对归属感和成就感是非常渴望的,企业在制定薪酬制度时,要合理利用非经济类报酬来满足他们的这些需求。如此一来,他们就会产生自我激励行为,更为积极主动地投身到工作中。

第四,薪酬管理是在绩效考核的基础上进行的,因此,企业一定要建立科学合理的绩效考核制度。

第五,薪酬管理在新时代应该更为灵活,面对不同的情况可以自由应对。对于员工的薪酬结构要有一个合理的调节,让员工所得的薪酬与其付出的努力成正比,让员工可以在企业中实现自己的个人价值,进而促进企业的不断发展。

第六,薪酬不是独立的概念,它是立足于企业发展的大框架下的,因此,薪酬管理需要和企业的文化和形象等有一定的契合度。优秀的企业文化和形象会吸引和留住更多的优秀人才,让薪酬的黏合力变得不那么重要。

第七,在现代社会,知识型员工越来越多,对待他们的薪酬管理需要花更多的心思,一定要明确他们取得的成就,而不要光关注他们的资历和级别。

二、新时代薪酬管理发展的具体趋势

(一)宽带薪酬

宽带薪酬就是将薪酬的等级减少,将薪酬等级线延长,使每一等级的薪酬范围变大,而且各种职位等级的薪酬之间可以交叉。

宽带薪酬适应了企业组织结构扁平化、无边界化的趋势,打破了传统的职位等级的官本位特点,为员工提供了更为多样化、更为宽广的职业生涯通道,有利于企业引导员工将注意力从职位晋升或薪酬等级的晋升转移到个人发展和能力的提高方面;给予了绩效优秀者比较大的薪酬上升空间,也使组织结构调整、人员设置、技术创新等更加灵活和宽松。然而,宽带薪酬制度也有其局限性,如果搞得不好,很可能会造成新的"大锅饭"现象。

(二)个性化薪酬

每个人都是与众不同的,其在现代社会中越来越多地展现出个性和独特的需求。传统的薪酬制度整齐划一,拘泥死板,不仅会使很多员工滋生懒惰情绪,而且会让能力较高的员工感到不满。在新时代,企业需要考虑员工个体的个性化需求,将其需求完美融合进薪酬制度设计之中,员工的个性化需求得到满足,必然会积极工作。

个性化薪酬的核心理念是以员工为中心,但并不是一切以员工的需求为准,而是在企业的需求和员工的需求中间找到一个平衡的点。组织在员工充分参与的基础上,建立每个员工不同的薪酬组合系统,并定期随着他们的兴趣、爱好和需求的变化,做出相应的调整。同时,组织应允许每个员工可以按照事业发展、工作和个人生活的协调比率,决定自己的薪酬组合。

个性化薪酬制度充分考虑了员工的需求和愿望,最大限度地满足了员工的要求,因此,在组织支付成本不变的情况下,个性化薪酬制度可以使薪酬的效用最大化。

需要注意的是,对每一个员工进行个性化薪酬设计,意味着管理成本的增加,而且无形中增加了人事部门的工作强度和难度,也需要有更为专业的管理人员来开展这项工作。

(三)全面薪酬制度

在传统的观念里,薪酬基本上等同于物质。但是,随着社会的发展,人们在满足了物质需要之后,精神上的需要慢慢显现出来。越来越多的企业在制定薪酬制度的时候,会格外注意物质和精神并重,建立全面薪酬制度。

在新时代,无论是光注重物质刺激还是光注重精神奖励,都是行不通的,在实际的操作中会带来很多不良的效果。建立全面薪酬制度,既可以避免薪酬达到一定水平之后无法再对员工有所吸引的尴尬,也可以从更多的方面激励员工的积极性。尤其是在一些大的企业里,薪酬早已不仅仅是物质激励所能概括的,员工需要良好的工作环境、需要贴心的精神奖励,好的学习机会、难得的晋升机会、合理的工作时间等,这些都应该完美地融入薪酬体系当中,全方位地激发员工的积极性。

全面薪酬制度对包括由工资和奖金等现金薪酬形式、种类繁多的福利和服务等间接薪酬形式、属于利润分配的股权、红利等资本性收入所组成的外在薪酬(物质收益),以及由非物质形态的企业文化氛围、对工作的满意度和成就感等心理收入、个人晋升和培训发展机会等员工精神收益所组成的内在薪酬进行全面的规划和管理。它通过对薪酬外延的延伸,不仅强化了资本性收入在薪酬分配中的地位,更强调精神收益在现代薪酬框架中的独特作用。

(四)弹性福利制度

福利是吸引员工的一个因素,它体现了企业的人文关怀,更容易让员工感受到归属感,可以增强企业的凝聚力。新时代企业在进行薪酬管理的时候需要注意建立弹性福利制度,使其具有可选择性和科学性,让员工在一定范围内可以自主选择自己想要的福利。虽然这种做法会加大薪酬管理的难度,但是其带来的效果确实是非常显著的。很多企业即使提供福利也不会让员工心生感激,这是因为每个员工的福利需求不同,企业应该实行弹性福利制度,以此增强其对员工的吸引力。

(五)薪酬制度透明化

很多企业都规定员工之间互相不清楚对方的薪酬,实行的是保密薪酬制,然而在实际生活中,有的员工会通过各种渠道打听同事的薪酬,这种保密性就名存实亡了。

在现代企业中,薪酬制度应透明化。每个人的薪酬是双方都认可的,虽然薪酬分配没有绝对的公平,但这是由个人的能力和层级决定的。所以,就算薪酬制度透明化,也不会有员工觉得不公平,反而会激发员工的工作积极性,只要自己足够努力,就能拿更多的薪酬。

(六)薪酬与绩效挂钩

心理学家赫茨伯格提出了"双因素理论",按照这个理论,企业中的因素可以分为激励因素和非激励因素,而薪酬就属于非激励因素。因此,在企业中,只是给出单纯的物质上的高薪酬并不能够对员工起到完全的激励作用。只有薪酬和绩效产生关联,员工的积极性才会被完全激发出来。绩效表明,员工的付出会最大限度地体现在其薪酬上,丰富了薪酬的内涵。在现代企业中,基本工资占据的薪酬比重是在逐渐降低的。与此同时,企业的薪酬体系十分强调与个人绩效、团队绩效以及组织绩效紧密挂钩,如采用利润分红、降低基本工资在总薪酬中的比重等方式,一方面可以减少固定劳动成本支出,另一方面可以让员工与企业共享成功的同时共同承担相应的风险责任。

(七)薪酬股权化、激励长期化

一般而言,员工只关注自己的利益,对企业的长足发展并不是十分上心。在新时代,很多企业实现了薪酬股权化、激励长期化,将员工的长远利益和企业的长远发展紧密联系在一起,与员工形成共生共荣的关系。

实现薪酬股权化,可以让企业的高层管理人员和专门技术人员更加关注企业未来的发展,激励他们更为主动地发挥创造力;可以防止很多员工在了解了全部的流程之后脱离企业自成一派。

(八)重视薪酬与团队的关系

以团队为基础开展项目,强调团队内协作的工作方式正越来越流行,尤其是知识员工的工作一般是以团队为前提开展的。在此影响下,企业也越来越重视以团队或组织绩效为基础的薪酬管理制度。不仅如此,有些企业在设计个人绩效薪酬制度时也会考虑合作因素,如林肯电器公司就在其半年度的个人绩效考核中包含了合作和团队项目。团队奖励计划尤其适合人数较少、强调协作的组织。相反,如果薪酬制度仍然建立在个人绩效基础上,团队成员出于个人利益的考虑,必然忽视团队的协作及利益。

(九)薪酬管理信息化

随着计算机和网络技术的发展,计算机在薪酬管理中的应用范围不断扩大,不少企业开始利用计算机完成薪酬数据处理、薪酬发放、薪酬计划、薪酬统计分析、薪酬监控、薪酬决策优化等具体管理职能。

在新时代,很多企业利用多种多样的薪酬管理软件极大地提高了薪酬管理的效率和科学性,而且根据实际情况建立起适用于本企业的薪酬模型。如此一来,企业管理者不仅可以清晰地了解不同层级员工的薪酬情况,而且可以轻松地做出最优的薪酬决策。

第六章　人事档案管理

人事档案是我国人事管理制度的一项重要特色,是个人身份、学历、资历等方面的重要凭证,与个人工资待遇、社会劳动保障、组织关系紧密挂钩,是记载人生轨迹的重要依据,具有法律效用它。目前,个人进行司法公证、职称申报、开具个人证明、函调政审、办理退休手续等都要用到人事档案。因此,人事档案管理也是人事工作的重要一环。

第一节　人事档案的定义、特点与作用

开展人事档案管理,必须先知道什么是人事档案,它具有什么特点和作用。只有了解这些基础知识,才能更好地开展各项人事档案管理工作,也才有助于人事档案功能的发挥。

一、人事档案的定义

人事档案是档案的一个门类,是干部档案、工人档案、学生档案、军人档案的总称,是国家全部档案的重要组成部分。而关于人事档案的定义,学者们则表达不同,各有差异。现列举其中几种最重要的观点。

(1)《中国大百科全书图书馆学、情报学、档案学》提出,人事档案是"记述和反映机关、团体、企事业单位工作人员基本情况的

档案"①。

(2)人事档案研究的开创者王法雄认为,人事档案是"记述和反映某人经历和德才表现等情况的档案"②。这一定义最为直接,说明了人事档案的本质。

(3)中国人民大学档案学院教授邓绍兴认为,人事档案是"国家机构、社会组织在人事管理活动中形成的,记述和反映人员经历、德才水平和工作表现的,以个人为单位集中保存供备查的文字、表格和其他各种形式的原始记录"③。

(4)武汉大学信息管理学院档案与政务信息学系主任朱玉媛认为,人事档案是"在组织人事管理活动中形成,并经组织审查或认可的,记录、反映人员经历和德才表现等原貌,以个人为单位立卷归档保存的文字、声音、图像、照片等形式的档案"④。

(5)中国档案学会理事长吴宝康在其与冯子直主编的《档案学词典》中是这样解释人事档案的:"专门档案的一种。人事、组织、劳动工资等部门在对人员的考核管理活动中形成的档案。记述和反映个人经历和德才表现,以个人为单位整理、集中保存。主要有干部档案、工人档案和学生档案三种。"⑤

上述人事档案的定义,虽然在表述上存在一定的差异,但都认为人事档案的内容是记述和反映人员经历和德才表现情况的。结合这些观点,本书认为人事档案就是形成于人事管理活动中的,经过组织审核并认可的,能真实体现个人的经历、成绩、品德等素养的,以个人经历记载为中心内容的,可供保存和查阅、利用的历史记录材料。

---

① 中国大百科全书总编辑委员会.中国大百科全书图书馆学、情报学、档案学[M].北京:中国大百科全书出版社,1993:357.
② 王法雄.人事档案管理概论[M].武汉:湖北人民出版社,1984:8.
③ 邓绍兴.人事档案学[M].北京:中国青年出版社,1990:221.
④ 朱玉媛.现代人事档案管理[M].北京:中国档案出版社,2002:14.
⑤ 吴宝康,冯子直.档案学词典[M].上海:上海辞书出版社,1997:157.

二、人事档案的特点

人事档案属于专门档案管理范畴,具有现实性、专门性、动态性等基本特点。近年来,随着人事制度改革的深入,人事档案也产生了一些变化,出现了一些新的特点。

(一)现实性

人事档案是组织、人事部门或人力资源管理部门以本组织、本部门的员工为单位建立的,专门用于反映员工个人情况的文件资料。这些资料形成于不同的阶段,体现了员工在不同时期、不同环境下的不同表现和成绩,并且已经经过了文书处理,可以用于组织、人事、劳动部门考察和正确使用员工,即查阅人事档案,了解其经历、德才,以便更好地培养和放在最适宜的岗位上,充分发挥其聪明才智。因此,在人员调动、任免、出国、入党、入团、晋升、调资等现实工作活动中,都要使用人事档案,这是一个必经的工作程序。

(二)专门性

人事档案是一种专门性的档案。专门档案是指某些专门领域形成和使用的有固定名称形式以及特殊载体的档案的总称。人事档案是组织、人事工作专门领域形成的档案,其内容具有专门性,自成体系,人事档案反映人事管理方面的情况。人事档案具有专门的形式和特定名称种类,如关于人事方面的各种登记表格、考核材料等。

(三)动态性

个人的经验、职务、职称等信息会随着个人的年龄、学识的提高,工作岗位与单位的变化而发生一定的变化,这就使人事档案表现出非常明显的动态性特点。

从表现形式上看,人事档案的动态性最突出地表现为个人的卷内材料始终呈递增的态势。具体来看，当个体处于学生阶段时，其档案主要是几张表格、几份鉴定文书材料，而毕业迈向社会以后，档案材料就会因工作年限的增加、工作经历的增多不断增多。比如转正定级、职务升级、工作成绩的增加、培训奖惩、入党入会等会形成新的档案材料，并最终并入个人档案袋中，使自己的档案材料不断增加。退休以后，个人的医疗保健、养老金使用情况等也会形成新的档案材料。直到去世以后，悼词等材料也会并入档案中，这时档案收集工作才算结束。

（四）个人性

人事档案是以个人为立卷单位，按照一定的原则和方法加工整理过的个人全部材料。以个人为立卷单位，是人事档案的外部特点，这是由人事档案的作用决定的。人事档案是一个组织了解员工、使用员工的重要依据，这些档案材料能在很大程度上反映员工的经历、能力和素养，只有将这些材料整合集中起来，编订成册，才有利于更科学、全面、细致地了解员工，才能更好地针对员工的情况安排工作，发挥其能力。

（五）发展性

在市场经济环境下，我国的人事制度发生了一定变化，这导致人事档案也发生了一些发展与变化，主要表现在以下两方面。

首先，人事档案的内容更加丰富、更加全面。在我国，传统的人事档案内容主要是一个人在学习、工作中的一些思想品德、社会关系、家庭关系、政治性评论等，这些内容较为单一、片面，大致上只能算是对个人相关信息的积累。而在市场经济环境下，社会对人才的需求不再局限于单一的方面，而要求个体能有全方面、持续性的发展，这就使个体在学习与职业生涯中需要不断地充实、丰富自己，如参加各类培训提高自己某方面的能力、提高自己的职称等，这些必然也会导致人事档案内容的增加，使得新时期的人事档案内容更加丰富、全面。

其次,流动人员人事档案规模逐渐增大。在过去,我们的工作、学习、择业都没有多大自主权,学什么专业、做什么工作、在哪里工作,主要由领导、组织安排,加之户籍和人事制度的限制,导致人才很难流动。因此,流动人员的人事档案规模较小。而在市场经济环境下,为了适应以公平竞争为主要特征的市场体制发展需要,国家在人事制度、户籍制度等方面作了相应改革,人才流动越来越频繁,这也导致了流动人员人事档案规模的扩大。

三、人事档案的作用

服务于组织、人事、劳动(或人力资源管理)工作的人事档案,是组织、人事、劳动(或人力资源管理)工作的信息库和知人的渠道之一。它与组织的人才选拔、领导确定和其他人才队伍建设,以及员工的权益维护密切相关。这表明,人事档案具有十分重要的作用,主要表现在以下几方面。

(一)考察和了解员工的重要手段

组织和人事管理部门的最基本工作就是做到选贤举能、知人善用。而这首先要求他们能对员工有一个全方位的了解,只有全面了解这个员工,才能根据他的情况合理地安排他的工作。一般来说,了解和考察一个员工最直接的方法除了直接考察这个员工的现状,还需要查阅他以往的经历和相关资料,人事档案就可以帮助组织和人事管理部门了解员工的历史,知道他的经历、才能、特长、奖惩情况,为人力资源的开发和利用奠定基础。

(二)落实人员待遇和澄清人员问题的重要凭证

人事档案是记录个人在一段时期的经历和表现的真实材料,其中的很多表格、文字资料等都是在当时的特定环境下,由部门组织专门人员亲自填写的,相当于对个人在某一时期表现的真实记录。因此,它可以起到证据的作用。比如确定或更改人员的工资级别、福利待遇,落实相关的人事政策,修改错误的评判,评定个人的职称等都可以用到人事档案,并作为其调整的重要凭证。

(三)人力资源开发、使用和预测的重要依据

人事档案是反映一个人各方面情况的较为准确的资料,可以用来确定某个地区、某个行业、某个系统、某个单位的人力资源统计情况,便于对这些地区、行业、系统、单位的人力资源状况进行预测。

(四)为编写人物传记和专业史提供了大量的第一手材料

人事档案主要是对个人一生经历、变化、荣誉、惩处等的记录,具有很高的史料价值,有助于研究人员撰写相关人物的传记。比如在中华人民共和国发展的过程中,不少先辈做出了突出贡献,他们的人事档案就有助于研究人员撰写这些先辈的传记,以学习和推广先辈的事迹和精神。同时,人事档案虽然是对个人经历的记载,但不同的人事档案堆积在一起可以反映一定时期、一定区域内我国某一方面的变化,比如党员的人事档案有助于党史研究,专业领袖的人事档案有助于研究某一专业的发展等。

第二节　人事档案工作的内容与性质

在了解了人事档案的定义、特点和作用后,我们着手分析人事档案工作,本节主要从人事档案工作的内容和性质入手进行分析。

一、人事档案工作的内容

人事档案工作是人事工作的一部分,同时,它本身又构成了一个独立的工作体系。在现阶段,人事档案工作的内容主要包括以下几方面。

(一)实体管理工作

人事档案实体管理工作是管理记录有人事档案信息的档案原件本身,它是相对于人事档案信息管理工作而言的。实体管理是整个人事档案管理的基础,其管理质量的优劣,影响和制约着人事档案信息的开发能否顺利进行以及人事档案工作能否健康发展。从工作内容上看,人事档案实体管理需要做好以下工作。

1. 收集与补充人事档案材料

人事档案工作以人事档案为工作对象,人事档案部门通过多种渠道从人事工作和其他工作活动中收集有关个人经历、德才的文件材料。补充是人事档案材料收集工作的继续和完善。一个人的档案材料建立后不是一劳永逸的,还需要随着相对人情况的变化,不断地补充新材料,从而反映一个人的历史与现实面貌。

2. 鉴别与鉴定人事档案材料

收集来的大量文件材料,成分复杂,有的符合归档要求,有的不符合归档要求,这就需要人事档案工作人员对这些材料进行鉴别和鉴定,严格地审查、甄别,去粗取精,取舍适当,剔除内容不实、手续不完备、无保存价值的文件材料,留下符合归档要求的、有查考价值的文件材料。

3. 整理与保管人事档案

收集起来的档案材料数量庞大,分散凌乱,混乱无序,不便于管理和使用。为了方便保存和系统利用,达到有效服务的目的,需要把这些文件材料分门别类地组合排列,变无序为有序,使其条理化、系统化,这就形成了人事档案的整理工作。在整理工作完成后,为了维护人事档案的完整与安全,延长人事档案的寿命,使其保持最佳服务状态,予以妥善保管,这也成为人事档案实体管理工作的重要内容。

4.登记与转递人事档案

人事档案里的信息内容并不是一成不变的,遇到员工姓名、年龄、籍贯改动,职务、学(军、警)衔、技术职称、工资级别变化,出国、离休、退休、死亡,以及创造发明、奖励、处分等变动事项,都需要对其进行登记。此外,及时转递人事档案材料是"档随人走"的可靠保证,也是人事档案能否发挥作用的前提。因此公共部门在员工工作调动或职务变动时,必须按照人员管理权限的要求,及时将档案转至新的主管单位,这就形成了人事档案的转递工作。

(二)信息管理工作

人事档案工作的对象——人事档案,以其具有存储信息、传递信息的基本功能而留存于世。人事档案工作实质上就是人员信息资源管理工作。人事档案管理机构和管理人员应将人事档案作为重要的人才信息资源来看待,以信息管理思想为指导,积极利用现代信息理论和信息技术的相关成果,深入开发人力资源信息,为组织、人事、劳动工作服务,为全面建设小康社会服务。同时,随着现代信息管理理论与信息技术的发展,人事档案应实行信息化管理,对人事档案实体上的各类信息可以根据不同需要进行重新组织,便于从不同角度进行检索利用。

1.人事档案信息资源的开发与服务

人事档案信息资源的开发与服务一般建立在掌握人事档案信息资源的基础上,档案管理人员利用一定的方法和模式,为组织、机构提供人事档案中的相关内容和有关情况,服务于组织、人事以及其他工作。在实践过程中,组织的人事档案部门大多积累了较多的人事档案资料,为档案资料的开发与利用奠定了坚实的信息资源基础。近年来,随着人们对档案管理规范化的重视,人事档案管理工作在不断向正规化、制度化方向发展。在这种情况下,档案管理部门只有系统地、及时地做好人事档案信息资源的开发,才能满足新时期组织、机构对人事档案的需求。

2.人事档案的信息化管理

现代信息化环境下,现代信息技术成为人事档案管理的重要手段,对于开发和利用人事档案信息有着重要作用。正因为如此,人事档案信息化管理已经成为人事档案管理工作的发展趋势。利用信息技术管理人事档案已经成为人事档案管理部门工作的重要方面。这部分内容在本书的第八章有专门论述,这里就不再展开。

(三)业务研究与业务指导

业务研究和业务指导,是人事档案工作不可缺少的内容。随着全面建设小康社会的发展,人事制度的改革,人事工作内容的变化,组织、人事部门需要对人事档案工作面临的新情况、新问题进行深入研究,提出解决方案。人事档案工作中的矛盾,管理体制改革,如何实现人事档案现代化管理等都需要对人事档案工作的业务进行深入的研究,不断总结经验,提高工作水平,以适应新形势的要求。因此,对档案业务进行研究就成为必然。当前应重点研究人事档案形成的规律和特点,以及与其他档案的关系;人事档案工作的矛盾、性质、基本原则、管理体制、管理模式等基本理论和一般的工作方法;人事档案工作中如何引进和应用新的科学技术,逐步实现人事档案工作信息化、科学化、规范化;人事档案工作的改革;人事档案信息资源的开发整合和利用服务等。业务研究中,应充分重视总结实际工作中长期积累的正反两方面的经验,将它条理化、系统化,并升华到理论的高度,再去指导实际工作。

上级组织、人事部门对所属部门的人事档案工作,负有业务指导和督促检查的任务。在人事档案工作中,上级组织、人事档案部门应根据党和国家管理人事档案工作的方针政策、法规、制度和办法,对下级组织、人事档案部门的工作进行指导,以及时解决问题,处理人事工作与其他工作的关系,推进人事档案工作发展。

(四)规章制度建设

人事档案规章制度建设,是指根据《中华人民共和国档案法》及其他法律法规的精神,结合本单位的实际情况,建立健全人事档案工作的各项规章制度,包括管理人员工作制度,人事档案材料收集归档制度,人事档案整理、转递、统计制度,人事档案安全保密与销毁制度,人事档案开发利用与借阅制度等,以科学地管理和利用人事档案,维护党的机密安全,推动人事档案工作向规范化、科学化和现代化的方向发展。

二、人事档案工作的性质

人事档案工作是从属于人事工作,具有较强的服务性、政治性、科学性、管理性、依附性的一项专门事业。做好人事档案工作,是人事部门考察、选用人员的需要,也是进行国家政治体制改革,促进社会主义现代化建设的重要条件。

(一)人事档案工作是一项服务性工作

人事档案工作是人事工作的一个组成部分,首先表现在它对人事工作的服务作用。通过提供人事档案材料,满足人事、干部工作和其他工作的需要,这是人事档案工作的出发点和落脚点,是由人事档案工作的性质决定的。服务性是人事档案的核心,它贯穿于人事管理工作的全过程,决定人事档案管理工作的内容。如果离开这个根本目的,人事档案工作就失去实际意义。人事档案工作作为一项服务性的工作,要求人事档案工作者发扬甘做无名英雄的精神,树立正确的服务思想,明确服务方向,提高服务质量,耐心、及时、准确地做好人事档案的服务工作。

(二)人事档案工作是一项政治性工作

人事档案工作是一项政治性很强的工作,这主要表现在两个方面。首先,人事档案工作与党的路线方针、政策联系紧密。我国的人事档案主要包括干部人事档案、学生人事档案、工人人事档案、军人人事档案四类,这四类档案都是在党的路线、方针、政策的引导下开展的,是组织人事工作开展的基本思想引导。其次,人事档案工作本身就是一项具有很强政治性的工作,人事档案的收集、整理、鉴别、利用等工作都需要遵循相关的政策、法规,且这些工作的开展直接影响别人的政治生命。基于此,各级人事部门、人事档案工作者应高度重视人事档案工作,自觉根据国家的相关政策、法规开展适宜的档案工作。

(三)人事档案工作是一项科学性工作

人事档案是一项具有科学性的工作。科学是从社会实践中抽象出来,又指导社会实践的。人事档案的产生、保管和利用,都有其客观规律。人事档案的管理工作,从及时完整地收集、系统地整理、正确地鉴别,到科学地保管、积极地利用,都需要一套科学的理论原则和技术方法。这些都体现了人事档案的科学性。

人事档案工作的科学性还体现在其专业性上。人事档案属于一种专门档案,它以特殊的文件形式、单一的内容(员工情况)等特征而区别于其他门类档案。人事档案工作就是管理这种专业性很强的专门档案,它有专门的业务理论知识,独立的体系,独特的范围,专门的法规和管理方法,专门的管理人员,在理论上、实践上、组织上都区别于其他门类的档案工作而独立存在,没有任何工作可以代替它,是一项专业性较强的工作。

(四)人事档案是一项管理性工作

人事档案工作有着独特的管理对象,即人事档案。人事档案工作的任务就是集中统一管理人事档案,为组织、人事、劳动等工作服务。管理人事档案是其最核心的工作,在从事该项工作活动中,必须正确认识与把握这一性质。确切地说,人事档案工作就是人事档案管理工作。明确了人事档案工作的管理性,要求我们在从事该项工作活动中,必须认真研究和把握人事档案管理的规律和特点,通过对人事档案的科学管理,为各方面工作提供充分的人力资源信息。

为实现人事档案工作的科学管理,管理人员需要有一套科学理论、原则、技术和方法作为指导。在管理中,管理人员首先要意识到人事档案工作是一门科学,人事档案形成具有一定的规律,必须掌握这些规律,并学会科学的管理方法,才能将数量庞大、内容丰富、形式多样的人事档案收集起来,进行鉴别清理,理纲擎目,条分缕析,科学地整理,及时、准确地提供利用。

（五）人事档案工作是一项依附性工作

人事档案工作是客观存在的,它有自己一套完整的理论、法规和方法,具有独立的范围、任务和程序,有一支专门的管理干部队伍。但同时,它也有依附性的一面,即它既属于人事工作的一部分,也属于档案工作的一部分。

组织人事工作是做人的工作,是选拔人才、培养人才、使用人才,使"贤者在位""能者在职",实现人尽其才,才尽其用,以达到知人善任的目的。选人和用人的程序,除了直接考察了解,还需要查阅人事档案,要求人事档案工作及时、准确地提供必要的凭证和依据。因此,组织的很多业务活动都离不开人事档案工作,而人事档案工作的所有业务活动,都是为了输出人事档案信息,为组织、人事工作服务。组织、人事工作与人事档案工作的联系极为密切,两者是不可能分离的。

人事档案工作除了隶属于人事工作,它还是档案工作的一个组成部分。人事档案是国家全部档案的一个组成部分,人事档案和其他档案同属档案范畴,人事档案属于档案的一大门类,具有档案的一般属性。认清人事档案与档案之间的关系,明确人事档案工作在档案工作中的地位,对于做好人事档案工作有着极其重要的意义。

第三节 人事档案管理的基本原则分析

要想科学地管理人事档案,必须遵循人事档案工作规律,且有助于档案管理工作科学、高效完成的原则。根据《中华人民共和国档案法》《干部档案工作条例》《企业职工档案管理工作规定》的精神,我国的人事档案管理应遵循以下原则。

一、依照法律,严格管理

依照法律、法规将档案管理工作纳入法制的轨道,是人事档案管理工作的首要任务。为此,国家有关部门制定了一系列档案管理的法律法规,如《中华人民共和国档案法》《机关档案工作条例》《干部档案工作条例》《企业职工档案管理工作规定》等,这些法律法规是做好人事档案管理工作的法律保证和工作准则,也是人事档案管理工作者的行为规范。

二、集中统一,分级管理

"集中统一"指的是人事档案应由组织、人事、劳动部门统一管理。一般来说,人事档案的集中统一管理必须由国家认定的社会组织或机构负责,而不能随意让一些组织、机构或者人员擅自分散进行。这样做的原因是,作为对个体社会历史经历以及其他方面的信息记录,人事档案在一定程度上代表了一个人的历史和信用,如果随意由分散的组织、机构或者人员管理,其真实性无法得到保证,也很容易使这些数据失去信用价值,所以,人事档案的管理工作必须由国家认定的各级组织、人事部门及社会有关档案管理机构开展。我国在《中华人民共和国档案法》中也对其有明确的规定,即"对国家规定的应当立卷归档的材料,必须按照规定,定期向本单位档案机构或者档案工作人员移交,集中管理,任何个人不得据为己有"。因此,对于国家公务员、政府雇员、教师和学生、企事业单位职工、军人、干部和士兵的人事档案,都应当由国家授权的档案机构和档案人员负责集中统一管理。

作为一种社会的重要档案信息资源,人事档案只有按照其内在的规律和运动特点实行统一管理,才能从根本上保证其有机体的生长和发育,并以有机体的形式存在,发挥其在人事工作和人力资源管理中的积极作用。

我们虽然提倡人事档案的集中统一管理,但若所有的管理工作都由国家档案管理部门统一进行必然不现实,这就要求分级管理。人事档案分级管理,是指全国人事档案工作由各级组织人事部门根据其管理权限对保存的人事档案区分等级,并采取相应的管理措施进行管理。在分级管理时需要注意,一方面按照"干部管理范围,分级负责管理,与实行相对集中管理并没有尖锐的矛盾",但是一旦级别划分得过细,很容易导致管理产生散乱的问题。因此这里建议,在一个单位内部,应先由原来的组织和人事将单位内的人事档案集中起来管理。假如单位内不存在具备人事档案管理资格的部门,则可将单位内的人事档案集中到上一级的人事档案管理部门统一管理。这样做的原因是企事业单位的人员中从事党政领导工作的比较少,大多数员工从事的是科研、教学、生产、开发等工作。这些人员主要看业绩和贡献,各种级别的人事档案内容大体相同,其保密程度不存在大的差别,不需要像党政机关分级别保管,因此可以由人力资源部或综合性档案机构集中统一管理。

三、保障档案的真实、完整与安全

人事档案的生命力来自其有机体的完整与安全。只有在现实的管理活动中,切实为人事档案的完整和安全提供各种有效保障,才能维护人事档案内容的真实性、完整性,才能使它具有凭证价值和可靠的信息价值。因此,保障人事档案真实、完整与安全,这既是人事档案管理中需坚持的基本原则之一,又是对人事档案管理工作最基本的要求。

假如人事档案材料不真实,是不能用来当凭证的,否则会给工作和有关人员带来损失。因此,维护和保障人事档案的真实性是十分必要的,这里的"真实"主要指要保证转入个人人事档案中的材料都是真实有效的。这就要求人事档案管理工作人员应注意挑选、鉴别真实内容的人事档案材料,将经过复查做出的组织结论、与结论有关的证明材料和确实能反映个人实际情况又有保存价值的材料归入档案,以维护人事档案的真实、准确、可靠。

人事档案管理还必须保证人事档案在数量和内容上的完整性,即要求凡是一个人的档案材料应该收集集中保存在一起,不能残缺和短少;要求随时将新的人事档案材料补充进去,一个人的档案材料应能反映各个时期的情况,不能留下空白。保障人事档案的完整,意味着在人事档案的各项管理活动中,管理机构和管理人员必须根据"依法治档"的要求,通过采取各种行之有效的措施和办法,保证人事档案的数量完整和人事文件材料之间的有机联系。同时,应当注意按照党和国家的有关政策和法律制度的要求,努力维护人事档案记载内容的真实性和可靠性。对那些经过仔细鉴别后,认定为虚假内容的人事文件材料,必须按规定予以清除。

人事档案的安全性主要体现在两方面,一方面是人事档案必须妥善保管,力求避免人事档案材料遭受不应有的损坏,如丢失、破损、调换、涂改等,即要保证档案实体的安全;另一方面要建立健全人事档案的保管制度和保密制度,从内容上保证人事档案不失密、不泄密,不对相对人的个人隐私和权益造成损害,即保证人事档案信息内容的安全。在这个过程中,对人事档案的完整和安全保障是相互关联的,如果其中的一个方面失控,那么另一个方面也无法得到根本的保障。只有在实际工作中,切实有效地维护了人事档案的完整与安全,才能为人事档案的真实性、完整性和可靠性等管理目标的实现,提供根本性的保证。

四、便于人事工作和其他工作利用

人事档案管理的目的是为人事工作和其他工作提供利用，档案管理的过程始终是围绕这一出发点服务的，检验档案管理工作的优劣与否，也主要是从这个角度加以衡量和评价。因此，便于人事工作和其他工作利用也是人事档案管理应遵循的重要原则。基于此，档案管理必须深入贯彻这一原则，并将其作为制定认识管理方针、政策的重要指南和依据。在具体的人事档案管理过程中，如收集、鉴别、整理、分析、保存等，应时刻考虑人事档案的可利用性，并结合时代的变化、人事政策的调整、人事制度的变革等，积极拓展人事档案可为其他工作服务的特性。

人事档案主要包括干部、学校、军人、工人四类，在党政机关以及军队中，人事档案管理机构和人员应当为党组织选拔、聘用、考察有关干部、公务员、政府雇员等，提供有效的人事信息服务；在企事业单位，人事档案应能为本单位的人力资源开发、人力资源结构调整、人才培训与人才奖惩提供依据；在学校，人事档案应当成为管理教师、教学辅助人员、学生的有效工具，成为调动他们教学积极性、工作积极性、学习积极性的有效手段，成为完善教师队伍建设、提高学生培养质量的有效依据。

第四节　人事档案管理的体制与模式探讨

人事档案管理工作的开展与其管理体制、管理模式密切相关，在分析了人事档案管理应遵循的原则后，我们再着手探讨人事档案管理的体制与模式。

一、人事档案管理的体制

人事档案管理体制有广义和狭义两方面的含义。

就广义层面来说，人事档案管理体制就是以党和国家的方针、政策为指导,开展人事管理工作的相关组织体系及其管理制度,一般包括人事档案管理的领导体制以及相关专门机构两方面的内容。其中,人事档案管理的领导体制一般由中央组织部、人事部和国家档案局联合组成,具体来说是以组织部为主导,人事部门为主体,档案部门为领导的体制。这些部门共同商定我国人事档案管理的方针政策,为我国的人事档案管理工作提供思想指导。人事档案管理的专门机构一般由组织、人事部门负责,即在不同的行业、领域,由不同的组织、人事部门以中央组织部、人事部和国家档案局为领导进行档案的管理。从狭义上来说,人事档案管理体制就是人事档案管理工作的组织体系和制度,在这里我们对人事档案管理体制的分析主要从狭义层面入手。

如同上文所述,我国的人事档案实行的是集中统一、分级管理的原则,档案的管理体制也应该是集中统一、分级管理的体制。县级以上的单位,人事档案应由人事管理部门按照自己的管理权限,实行分级管理。简单来说,就是全国的人事档案应由中央组织部统一领导,省部级、地市级人事管理部门应遵循中央组织部的管理政策施行管理措施。在中央组织部下,由省部级管理地市级的人事管理部门,地市级人事部门管理县级人事部门。其中,对于高校和大型企业来说,无论职位高低,无论从事何种工作,其所有在职员工的人事档案应由所在单位的人事档案机构或综合性档案机构统一集中管理,而不应分散在各科室部门。离退休人员档案应由本地机构档案馆统一管理,因为人事档案的归宿与其他档案一样,其最后的归宿完全可以进入永久性保管档案的机构,只是在利用范围、时间、内容等方面比其他档案要求更严、保密程度更高一些。

县以下机关单位的干部人事档案由县委组织部集中管理。或由县委组织部、县人事局等单位相对集中管理。不具备保管条件或档案很少的单位由上一级单位管理。在管理机构上,县及县级以下机构的人事档案应按行政区域集中统一管理,凡属该行政区域内工作的任何人员,无论职位、年龄、专业、工作单位等情况有什么不同,其人事档案均由一个档案机构管理,如一个县所有单位的人事档案完全可以由这个县人事局或县档案馆统一管理,不必分散在县直各机关保管。这样既可节省人力、物力,提高人员素质,防止部门单位之间互相推诿扯皮,而且可以方便利用者利用档案,提高利用效率,也有利于实现人事档案标准化、现代化管理。

而在具体落实的过程中,我国的人事档案管理体制还存在一些问题,主要表现为管理体制分散,如有些高校人事档案实行分散管理,分别存放于组织、人事、劳资、办公室、科研处、教务处等部门;各级档案机构对其他专门档案具有业务指导作用,而对人事档案管理缺乏业务指导,管理人事档案的人员很少甚至根本不参与档案部门的业务活动。为解决这一问题,我国应精简机构,实行干部分流,选派少而精的人员进行档案管理。同时,应不断提高档案管理人员的职业素养,使档案管理人员能真正精通档案业务,专门从事人事档案管理。

二、人事档案管理的模式

在计划经济体制下,我国人事档案工作只有封闭式这一种管理模式。随着社会主义市场经济体制的建立与发展,国家人事制度的改革,认识档案管理的模式也发生了较大的变化,即出现了开放式的管理模式。下面我们对这两种模式进行分析。

(一)封闭式管理模式

这种管理模式主要是在某一单位内部设置专门的人事档案部(室、科)等,按照人事档案管理的权限对档案进行统一管理。在这种模式下,人事档案主要是供领导和组织上查阅个人信息、经历、才能使用,而不会对外使用。由于这种模式具有很强的封闭性,因此目前主要在党、政、军机关,企事业单位在岗和离退休的国家干部、教师、科研人员等人事档案管理中予以实施。

封闭式管理模式因为是在单位内部进行管理,因而有利于本单位人事档案资料的收集与整理,管理人员对内部人员的情况、工作内容都较了解,其收集的档案信息也较为真实。同时,本单位工作内容大体相同,因此,对其人事档案的分类、排列、鉴定可采用比较一致的标准,便于管理。另外,本单位进行单位人员的档案管理有助于本单位及时使用其人事档案,当遇到人力资源调动时,单位领导就可以通过保存于单位内部的人事档案了解员工的经历、成果等状况。但这一管理模式也有一定的缺点,即利用服务面较小,档案信息资源开发与发挥作用受一定的局限,比较封闭和内向。

(二)开放式管理模式

市场经济体制建立以后,人事档案的政治性、神秘性逐渐被削弱。再加上信息技术的快速发展,人事档案工作的各项收集整理、鉴别保管、服务利用等方式都产生了一些变化,现代化技术手段被广泛应用于人事档案工作中,一些隐私的人事档案内容甚至可以上传到网络上,便于档案管理人员的线上管理。这些变化都使传统的人事档案管理思想发生转变,推动了开放式管理模式的产生。

这里的开放式管理模式是指人事档案不是由本机构管理,而是由人才交流中心和社会上的有关机构管理。例如,由各省的人才市场建立的人事档案管理机构进行人事档案的管理。在这种模式下,原来的单位员工想要调走却得不到领导的同意而无法转走人事档案和户口的现象就不会发生。因此也可以说,它的存在对我国的人才流动十分有利。目前,我国不少省市已经开始实施开放式管理模式,并取得了一定的成绩,其中最常见的一种就是大学生毕业后的档案调至人才中心,对大学生人才流动十分便利。

人事档案开放式的管理模式,现在主要用于流动人员的档案管理。这些人员一般没有固定的单位,工作变动较大,用过去的封闭式管理模式十分不便,因此便出现了县级以上的人才交流中心,他们负责这些人员的档案管理。这种机构具有社会性、开放性和市场性的特点,有利于对流动人才档案的管理和利用。

第七章　人事档案的一般管理方法

人事档案类型多样,但各类人事档案都有共同之处,由此形成了人事档案管理的一般方法。比如,从档案管理的环节上看,各类人事档案都包含收集、鉴定、整理、统计、保管、转递等基本环节,本章即对这些环节进行详细分析。

第一节　人事档案的收集和鉴定

一、人事档案的收集

所谓人事档案收集工作,就是指人事档案管理部门通过各种渠道,将分散在有关部门所管人员已经形成的符合归档范围的人事档案材料收集起来,汇集成人事档案案卷的工作。根据时间先后划分,可将人事档案收集分为整前收集和整后收集两类。整前收集是人事档案整理之前的收集工作,是整理工作的重要前提和基础,应尽可能地一次性收集齐全;整后收集是人事档案经过整理之后对新形成的材料进行收集的工作,是一种补充性的收集工作。

(一)人事档案收集的意义

人事档案收集在人事档案工作中具有重要的意义,具体表现在以下几个方面。

1.收集是人事档案工作的基础

收集工作是人事档案工作的基础和首要环节,为整个人事档案管理和建设提供了客观的物质对象。只有将人事档案材料完整齐全地收集起来,才能为科学地整理和鉴定等各项业务工作的开展准备物质条件,打下坚实的基础。如果材料收集不完整、有头无尾或者有尾无头,或者收集的只是一些零散杂乱、价值不大的材料,就会给鉴定和整理工作带来很大困难,给查阅档案、提供证明等情况造成不便,影响利用工作任务的完成。可以说,人事档案收集工作的质量,制约着各项业务工作的开展和管理水平的提高。

2.收集是人事档案发挥作用的前提

人事档案发挥作用的首要条件是人事档案材料收集得齐全完整、内容充实,能全面真实地反映一个人的历史和现实全貌,做到"档如其人""档即其人"。只有这样的人事档案,才能帮助组织人事部门更好地了解人和正确地使用人,为相对人维护个人权益和福利提供法律信证,为编写人物传记和专业史提供丰富的宝贵材料。反之,如果人事档案材料散存于形成单位或个人手中,就会产生"无档可查"或"查了不能解决问题"的现象,影响对人才的正确评价与使用,甚至导致错用人或埋没人,使个人的职业发展和应有福利受到损失。

3.收集是实现人事档案集中统一管理的途径

人事档案的来源比较分散,但是在使用时又要求集中使用,所以,一个人的材料必须集中一处,方便统一管理,而收集工作正是实现人事档案集中统一管理的基本途径。

(二)人事档案收集的材料来源

人事档案材料的收集来源,从其来源来看,既有个人形成的,也有组织形成的;从产生活动来看,主要是学历教育、招聘、录用、任免、调动、转业、考察考核、专业技术职务评聘、党和群众团体组织建设、干部审查、奖惩、工资变动、出国(境)、人员流动、离退休等活动中形成的人事档案材料;从材料形成过程来看,既有在现实工作中由组织和个人自然形成的,也有组织为了解个人情况而专门布置填写的。可以说,人事档案材料来源多、涉及面广,凡与人员管理活动发生关系的单位或部门都有可能产生人事档案材料。弄清人事档案材料的收集来源,是做好收集工作的前提条件。一般来说,人事档案收集的材料主要来源于以下两个方面。

1. 单位形成的人事档案材料

单位形成的人事档案材料包括诸多方面,如表 7-1 所示。

表 7-1 单位形成的人事档案材料

材料来源	所获得的主要材料
组织、人事、劳动部门	个人的履历表、简历表、登记表等反映个人经历的材料,自传材料,鉴定书、鉴定表以及其他各种鉴定材料,考核考绩材料,政审材料,招工、提干审批表,职务任免呈报表,调动工作登记表,退职、退休、离休审批表及登记表,工资调整审批表,晋升技术职称等审批材料
党团组织和政府机关	个人的入团申请书、入团志愿书、入党申请书、入党志愿书、转正申请书以及入团、入党时组织关于本人历史和表现及家庭主要成员、社会关系情况的调查材料;入团、入党、党内外表彰等方面的材料;统一布置填写的各种履历表、自我鉴定表、登记表等
纪检、监察、公安、检察院、法院、司法部门	党内、外处分及取消处分、甄别复查平反决定,判决书复制件及撤销判决的通知书;个人检查以及判决书等
人大常委、政协等有关部门	人大代表登记表、政协代表登记表等
科技、业务部门	评聘专业技术职务(职称)的申报表、评审表、审批表,晋升技术职称、学位、学衔审批表,技术人员登记表,考试成绩表,业务自传,技术业务的个人小结以及组织评定意见,创造发明和技术革新的评价材料,考核登记表,重要论文篇目和著作书目等
教育、培训机构	报考登记表、学生登记表、成绩表、鉴定表、毕业生登记表、授予学位的材料、奖励和处分等

续表

材料来源	所获得的主要材料
部队有关部门和民政部门	地方干部兼任部队职务方面的审批材料，复员和转业军人的档案材料
审计部门（或行政管理部门）	干部个人任期经济责任审计报告或审计意见
统战部门	干部参加民主党派的有关材料
卫生部门	健康检查和处理工伤事故中形成的有关材料

2. 个人形成的人事档案材料

个人形成的人事档案材料，主要内容如表 7-2 所示。

表 7-2　个人形成的人事档案材料

材料来源	所获得的主要材料
学生档案	报考登记表、学生登记表、毕业生登记表、学习鉴定表、体格检查表、学历（学位）审批表、入党入团申请书、党员团员登记表等
工人档案	求职履历材料、招工登记表、体格检查表、职工岗位培训登记表、工会会员登记表、入党入团申请书、党员团员登记表等
干部档案	自传及属于自传性质的材料、干部履历表、干部登记表、自我鉴定表、干部述职登记表、体格检查表、干部的创造发明、科研成果、著作和论文的目录、入党入团申请书、党员团员登记表等

（三）人事档案材料的收集要求

人事档案材料的收集要遵循以下几方面要求。

首先，保质保量。数量足、质量优是人事档案收集工作的一项重要指标。既要达到一定的数量，又要重视归档与接收前的认真审核，只收集属于人事档案范围的、有保存价值的材料，保证人事档案的精练和优化。

其次，客观公正。人事档案材料收集过程中必须以客观真实、变化发展、全面的思想为指导，确保收集工作符合事实、公正客观、准确无误。

再次，主动及时。人事档案管理部门应有很强的时间观念，做到工作不拖拉、材料不积压，同时，要主动地与材料形成单位取得密切联系，走出办公室，通过各种方式和方法，尽快地将所形成的、新发现的人事档案材料收集起来，及时归入相对人的档案中。归档时，要注意材料的准确性、可靠性和典型性，并将新的变化随时记入卡片，为查阅提供迅速、方便的服务。

最后，安全保密。在人事档案材料收集过程中，要注意人事档案材料的物质安全和内容安全，不丢失损坏，不失密泄密。人事档案材料丢失后很难补救，会造成相对人或某一事件档案材料的空白，档案发挥作用会受到影响。如果人事档案的内容让无关的人知道甚至扩散出去，既违反了保守国家机密的原则，又侵犯了个人的隐私权，对组织和相对人都会造成损害。

(四)人事档案材料的收集方法

人事档案材料的收集主要有以下几种方法。

1. 针对性收集

人事档案材料的形成是有规律可循的，掌握了材料形成的规律，就可以掌握收集工作的主动权，有针对性地收集有价值的人事档案材料高效率地做好收集工作。

第一，许多人事档案材料的形成具有一定的时间规律，如毕业就业材料多形成于每年的六七月份，因为这段时间是毕业季。如果能够掌握人事档案材料形成的时间规律，就可以在此时间之后，及时地将所形成的人事档案材料收集起来。

第二，信息规律。把消息和人事档案材料的产生联系起来，判断哪些消息或其反映的情况可以产生人事档案材料，从而及时进行收集工作。例如，听到党代会、人代会召开的信息，就要及时收集会议形成的代表登记表和一批干部的任免情况；听到一批新党、团员宣誓，就要及时收集他们的入党、入团材料；等等。

第三，变化规律。人事档案具有动态性，如文化程度变了，就必然形成新的学历材料；职务变化了，就必然形成任免呈报表或调动登记表。

2. 集中性收集

第一，根据各个时期组织、人事部门的中心工作，及时有效地集中收集人事档案材料。

第二，以时间为界限，按月、季、年集中收集人事档案材料。

3. 跟踪性收集

跟踪性收集指的是跟踪每一个干部或人才的活动及变化情况进行收集。

4. 经常性收集

人事档案的收集工作不是一劳永逸的，也不是突击性的活动，而是贯穿于人事档案工作始终的一项经常性的工作。应了解人事档案材料的形成时间与范围，指导形成单位与个人注重平时的经常性收集，始终保持收集渠道的畅通，促使他们主动做好人事档案材料的积累和归档工作。

5. 外部收集

外部收集就是对外单位形成的人事档案材料的收集，主要通过设置联络员、召开联席会议等方式收集。

6. 内部收集

内部收集就是对本单位组织、人事、劳动工作中形成的人事档案材料的收集。

二、人事档案的鉴定

人事档案鉴定是按照一定的原则和方法，对收集的人事档案材料进行审查，甄别其真伪、判断其有无保存价值，确定是否归入人事档案。

（一）人事档案鉴定的意义

人事档案的鉴定工作是人事档案材料归档前的最后一次审核，鉴定工作的好坏直接决定着人事档案质量的优劣和能否正确地发挥作用，决定着人事档案材料的命运。具体来说，人事档案鉴定工作的意义主要表现在以下几方面。

1. 鉴定是对文件材料归档前的最后关口

收集来的文件材料是杂乱无序的，是否真实准确，内容完整与否，是否有考察价值，这些都需要鉴定。人事档案鉴定工作作为文件材料归档前的最后关口，是保证人事档案完整、精练、真实、实用的重要手段。应对收集来的材料进行认真鉴定，取舍有据，玉石分开。

2. 鉴定是人事档案管理工作的首要环节

对收集来的文件材料进行审核、辨别，去伪存真，将具有使用价值和保存价值的归入人事档案，将不应归档的材料剔除、销毁或转交有关部门处理，是进行人事档案管理工作的基础和前提。

3. 鉴定有利于人事档案其他工作的开展

鉴定工作与其他环节工作有着紧密的联系，通过鉴定工作，可以促使档案人员重视人事档案材料的质量，提高人事档案材料收集来源的质量，还可以把那些不需要归档的材料剔除出去以节约库房面积，改善保管条件，有利于人事档案的保管工作。总之，如果鉴定工作能做到取舍恰当，就能保证人事档案的真实性和精练性，对人事档案其他工作的开展也具有积极的促进作用。

4. 鉴定有利于正确贯彻人事政策

通过鉴定，将已装入人事档案中的虚假不实材料剔除出去，使保存下来的人事档案材料真实可靠，可以为落实人事政策提供依据、消除隐患,保证党的组织人事路线、方针政策的贯彻执行。

5.鉴定有利于应对突发事件

突发事件是指战争、水灾、火灾、地震等天灾人祸,往往突发性强,难以预料。如果通过鉴定对人事档案价值进行区分,一旦遇到突发事件,可以及时、迅速地对重要档案进行抢救、保护和转移,避免珍贵和有重要价值的人事档案的损毁。

6.鉴定有利于满足社会长远需要

人事档案不仅对现在有用,而且对今后有考察利用价值。通过鉴定,使真正有价值的人事档案保存下来,可以造福子孙后代,未来的研究者在使用时能够减少考证的时间和精力。从这个角度来说,鉴定工作有利于满足社会长远需要。

(二)人事档案鉴定的内容

人事档案鉴定的内容可分为两大部分,即人事档案真伪的鉴定内容与人事档案价值的鉴定内容,具体如下。

1.人事档案真伪的鉴定内容

人事档案真伪鉴定的内容范围如表7-3所示。

表7-3 人事档案真伪的鉴定内容

鉴定项目		具体内容
判断材料是否属于本人	同姓同名	逐份地认真核对材料,尤其是查看籍贯、性别、出生年月、工作单位、入党(团)时间、参加工作时间、家庭成员和主要社会关系、学历、职务、工资级别等情况是否相同,主要经历是否一致。发现同名同姓的材料,应及时取出并注明原因
	同姓异名或异姓同名	留心材料上的姓名,对那些姓名有某些相同之字的材料,更要提高警惕
	一人多名	核对后期材料姓名栏内的曾用名,是否有与前期原名相同的名字;对不同姓名的材料内容进行核对,看看每份材料的年龄、籍贯、经历等情况是否相同;清查档案内是否有更改姓名的报告和审批材料

续表

鉴定项目		具体内容
辨认材料的内容和作用	看内容	内容是否与该人员的问题有关,无论材料是什么人形成的,只要材料内容叙述的是此人的问题并与其人事档案中的其他材料有内在联系,彼此不可分割,这就是此人的材料
	看用途	形成材料是为了什么目的,一份调查材料、证明材料、揭发检举材料,看是调查谁、证明谁和揭发谁的问题,就是谁的材料
判断材料是否属于人事档案		将人事档案材料与非人事档案材料严格区分开,择其前者归档,并将那些非人事档案内容的材料另加处理
判断材料是否真实、准确		人事档案材料所记述的内容必须真实而且准确,不能前后矛盾、模棱两可,内容不属实、观点不明确、言辞不达意或词义含混的材料应立即退回原单位重新改正
判断材料有无重复		重份材料或内容重复的材料必须剔除,无论是正本还是副本,只需保留一份

2. 人事档案价值的鉴定内容

人事档案价值鉴定的内容范围如表 7-4 所示。

表 7-4　人事档案价值的鉴定内容

鉴定项目	具体内容
确定材料是否有保存价值	鉴定材料是否能反映个人的政治思想、业务能力、工作成绩、专长、爱好等方面的情况
剔除无价值的人事档案材料	剔除没有价值或价值不大的材料以及似是而非、模棱两可、不能说明问题、没有定论、起不了说明作用的旁证材料以及内容不真实、不准确,甚至诬蔑、陷害的材料
判定人事档案的价值	确定什么样的档案需要保存多长时间,如短期、长期、永久,或者定期、永久

(三)人事档案鉴定的原则

人事档案的鉴定要遵循以下几个原则。

1. 真实准确原则

真实性是人事档案的生命,人事档案工作必须实事求是,来不得半点虚假和含糊。在鉴定工作中,一旦发现内容不实、观点不明、表达含混不清或相互矛盾的材料,应立即退回形成单位进行核实或修改。日常工作中不真实、不准确的材料主要有伪造的材料,涂改的材料,内容不准确、不真实的材料,观点不明确的材料,不能作为依据的无效材料,未经核实的举报材料等,这些材料都不能归档。

2. 完整齐全原则

维护档案材料的完整齐全这一原则要贯穿档案管理全过程。鉴定是检验档案材料是否完整齐全、促进档案材料完整齐全的重要手段。人事档案材料完整齐全主要包括一个人的人事档案材料全部集中;材料系列齐全完整,材料之间有着历史的、内在的联系;材料的内容和外形完整;有头有尾,落款、署名、时间等特征具备,没有缺页、破损、霉烂变质或字迹模糊不清的现象。

3. 规范原则

规范原则要求在开展人事档案鉴定工作时,要确保归档材料符合以下标准。

第一,归档材料一般应当为原件,证书、证件等特殊情况需用复印件存档的,必须注明复制时间,并加盖材料制作单位公章或人事关系所在单位组织(人事)部门公章。

第二,文体与结构程式、附加标记与格式安排符合制发单位的要求。

第三,文字可用正式公布的简化字,字迹要清楚,不得有错别字。

第四,字迹材料应符合档案保护要求,文字须是铅印、胶印、油印、打印或用蓝黑墨水、黑色墨水、墨汁书写。

第五,人事档案材料的载体使用 16 开型或国际标准 A4 型的公文用纸,材料左边留出 2~2.5cm 装订边。

4. 精练原则

精练原则是要剔除重份材料或内容重复的材料,不能说明问题或没有保存价值的材料不归档。要注意,在遵循精练原则开展人事档案鉴定工作时,不能孤立地看某一份材料,应从材料系列及其相互的有机联系中全面分析和判断其有无保存价值。

5. 办理完毕原则

办理完毕(即处理完毕)是指文件材料完成了它的制作程序或处理程序。正在办理过程中或者没有结论、结果的敞口材料,不能归入人事档案。

6. 手续完备原则

手续完备是人事材料归档的必备条件之一。凡不符合归档要求、手续不完备的档案材料,须补办手续后再归档。一般来说,手续完备的档案材料包括以下几种。

第一,凡规定需由组织盖章的,要有组织盖章。

第二,任免呈报表须注明任免职务的批准机关、批准时间和文号。

第三,审查结论、处分决定、组织鉴定、民主评议和组织考核中形成的综合材料,应有本人的签署意见或由组织注明经过本人见面。

第四,出国、出境审批表须注明出去的任务、目的及出去与返回的时间。

(四)人事档案价值鉴定的方法

人事档案价值鉴定的方法主要以下几种。

1. 内容鉴定法

人事档案内容是决定人事档案价值最重要、最核心的要素，因此内容鉴定法是人事档案鉴定的一种重要方法。在利用这种方法对人事档案价值进行鉴定时，必须分析人事档案内容的重要性与信息量的丰富程度、真实性、独特性、典型性等因素。

2. 来源鉴定法

人事档案来源是指人事档案的相对人和形成机构，人事档案来源可以作为其价值鉴定的方法之一，主要从成就、知名度、影响力、职务级别、学历等方面分析，详见表7-5。不过，这五个方面的来源不是孤立的，而是互有联系的，在鉴定档案价值时应综合分析研究、准确判断。

表7-5 来源鉴定因素分析表

来源因素	价值鉴定
成就或贡献	凡是对党和国家或某一地区及某一学科研究做出了贡献的人员，死亡之后，他们的档案应当由原管理单位保存若干年以后移交本机关档案部门，随同到期的其他档案移交给同级档案馆长久保存
知名度	一个人在国内外、省(市)内外、县(市)内外享有较大的声誉和知名度，其人事档案的价值较大，其死亡以后，在原单位保存若干年以后移交本机关档案部门，随同到期的其他档案移交给同级档案馆长久保存
影响力	在某一地区有重大影响的人员，其死亡后档案材料由原单位保存若干年以后移交本机关档案部门，随同到期的其他档案向同级档案馆移交并永久保存
职务级别	职务较高的，其人事档案材料的保存价值就较大，保管期限就长一些
技术职称、学位和学衔	中国科学院院士、中国工程院院士、教授、研究员、高级工程师等在某一学术或技术领域做出一定贡献的人，其人事档案由原单位档案室保存若干年以后移交档案馆保存

3. 时间鉴定法

时间鉴定法是指根据人事档案形成时间作为鉴定依据。一般来讲,形成时间越久的人事档案,其保存价值越大。

4. 主体鉴定法

主体鉴定法是指在人事档案价值鉴定中,用主体需求程度与要求去评价。不同学历层次、不同文化素质、不同经历、不同年龄、不同历史条件下的人员,对人事档案会产生不同的要求,即使同一主体在不同时间、不同地点、不同条件下对人事档案的需求也是不同的,因此,在人事档案鉴定工作中要根据主体的认知程度来判断档案价值。

(五)对不在归档范围内材料的处理

通过鉴定,将属于本人的、符合归档要求的人事档案材料归入人事档案中,不在归档范围内的材料应根据不同情况妥善处理,各归其位。这既是鉴定环节的善后工作,也是使收集来的每份材料各得其所的最后一道工序。

第一,凡新近形成的档案材料,手续不够齐全或内容尚须查对核实的,应提出具体意见,退还有关单位,待修改补充后再交回。

第二,经鉴定确实不属于员工本人的材料,或是不应归入人事档案的材料,均应转给有关单位部门保存或处理,转出时要写好转递材料通知单。

第三,对于不属于人事档案范围而又有价值的材料,经过整理后可作为组织、人事部门的业务资料予以保存。

第四,没有保存价值的人事档案材料要及时进行销毁,但是销毁时一定要按照制度来进行,并进行登记造册,详细记录,为日后档案销毁情况的考察留好底。如果没有规定的批准手续,人事档案是不能随意销毁的。

第二节 人事档案的整理和统计

一、人事档案的整理

收集到的人事档案是零散、琐碎的,经过鉴定之后,留下来的真实的、有价值的档案也并未形成系统,所以一定要进行整理,按照一定的原则、方法和程序,将零散琐碎的人事档案变得更有条理,更加系统。

(一)人事档案整理的意义

人事档案整理工作具有重要的意义,主要表现在以下几方面。

首先,只有经过整理,才能将孤立、杂乱无章的人事档案材料以个人为单位构成一个有机体,才能实现人事档案的条理化和系统化,才能清晰地反映一个人的经历及德、能、勤、绩等各方面的情况。

其次,经过整理,将一个人的档案材料装订(或装袋)在一起,可以避免档案材料的散落丢失,维护人事档案的齐全完整。

再次,经过整理,人事档案材料被分门别类地组合在一起,排列在固定的位置上,这样可以使利用者在阅档时有规律可循,为人事档案的利用提供了便利条件。

最后,整理可以减轻或者避免利用者在使用时的不当存放与取出,有利于人事档案的保管和保护。

(二)人事档案整理的范围

档案部门对人事档案的整理按工作范围分为以下三种类型。

1. 对新建档案的系统整理

对新建档案的系统整理主要指对那些新吸收人员的档案材料进行整理。随着各行业各单位新老人员的交替,这部分档案的整理工作将是连续不断的,因为其工作量大,比较复杂,所以应及时地做好整理工作,以适应人事工作的需要。

2. 对已整理档案的重新调整

人事档案始终处于动态变化之中,因而整理工作不是一劳永逸的,已整理好的人事档案有时需要增加或剔除一定数量的材料,这种调整也属于整理工作。

3. 对人事档案的普遍整理

有时根据社会的发展要求,还需对人事档案进行普遍整理。例如,为了落实党的干部政策,需要对过去形成的人事档案进行普遍的整理,清除一些不真实的人事档案材料。

(三)人事档案整理的基本要求

整理人事档案时,必须按照因"人"立卷、分"类"整理。在具体的整理过程中,需要做到以下几方面。

1. 分类准确

分类在整理工作中占有十分重要的地位。准确的分类是人事档案整理工作质量的保证,也是人事档案利用工作的保证。这是人事档案整理工作中的最基本要求,如果做不到分类准确,整理工作也就失去了意义。

2. 目录清楚

每份经过整理的人事档案都应编写目录。目录登记与档案材料相符,要字迹工整、项目齐全、内容规范,无粘贴、涂改勾画和错别字,材料形成时间填写无误,材料份数与页码计算准确。

3. 编排有序

以分类为基础,人事档案工作要根据具体情况和实际需要,按照不同的类别,采取不同的排列顺序,有序排列。材料的排列一定要按照一定的规律,科学排序,确保日后的便利利用。

4. 装订整齐

为了固定档案材料的分类和排列顺序,保护档案材料,整理后的档案要加封面和装订成册,达到表面平整、无脱页漏装、无损坏文字、材料整齐、外观洁净。

5. 整理设备齐全

整理人事档案,事先要备齐卷皮、目录纸、衬纸、切纸刀、打孔机、缝纫机等必需的物品和设备。

6. 完整真实

每份档案内容完整、时间来源清楚、有头有尾、不缺张少页、手续完备;如果是系列材料,保持档案系列的完整。档案材料的内容必须符合本人实际情况,是经过组织审查认可归档的材料。在完整、真实的基础上去粗取精,使人事档案的内容集中、简洁、精干。

7. 可靠实用

人事档案的整理还必须满足可靠使用的要求。这就要求整理人员要具备专业知识,熟悉人事档案整理工作的相关规定与方法,态度认真负责,确保人事档案整理工作安全可靠。

与此同时,人事档案整理工作的开展要立足于使用方便这个出发点,对档案的分类、编排以及技术加工等都要以便于各项工作的开展为原则。

(四)人事档案整理的步骤

1. 归类

在对人事档案材料进行分类时,首先要对前期鉴定过的材料进行复核,防止不符合要求的材料进入人事档案;然后按照《干部档案工作条例》(组通字〔1991〕13号)所规定的十大类,对人事档案材料进行归类。干部人事档案分为正本和副本。正本由全面反映一个人的历史和现实情况的全部人事档案材料所构成;副本是人事档案正本主要材料的复制件,具体内容由正本中主要材料的复制件(重复件)构成,如表7-6所示。

表7-6 干部人事档案正本、副本材料一览表[①]

类别	归入正本材料	归入副本材料
第一类	履历材料	近期履历材料
第二类	自传材料	
第三类	鉴定、考核、考察材料	主要鉴定、干部考核材料
第四类	学历和评聘专业技术职务材料(包括学历、学位、学绩、培训结业成绩表和评聘专业技术职务、考绩、审批材料)	学历、学位和评聘专业技术职务的材料
第五类	政治历史情况的审查材料(包括甄别、复查材料和依据材料、党籍、参加工作时间等问题的审查材料)	政治历史情况的审查结论材料(包括甄别、复查结论)
第六类	参加中国共产党、共青团及民主党派的材料	
第七类	奖励材料(包括科学技术和业务奖励、英雄模范先进事迹)	奖励材料
第八类	处分材料(包括甄别、复查材料、免予处分的处理意见)	处分决定材料(包括甄别、复查结论)
第九类	录用、任免、聘用、转业、工资、待遇、出国、退(离)休、退职材料及各种代表会议登记表等材料	任免呈报表和工资、待遇、出国审批材料
第十类	其他可供组织上参考的材料	

---

① 李晓婷. 人事档案管理实务[M]. 上海:复旦大学出版社,2015:94-95.

2.排列

在人事档案归类后,每类中的档案材料应当按一定的顺序排列起来,排列顺序有以下三种方法。

(1)按时间顺序排列

依照人事档案形成时间的先后顺序,从远到近,依次排列,如表7-7所示。这种排列方法适用于履历类、自传类、鉴定考核类和其他类的材料。

表7-7 履历材料排列表

类号	材料名称	材料形成时间			份数	页数	备注
		年	月	日			
一	履历材料						
1	在校学生登记表	2010	09	09	1	6	
2	干部履历表	2015	07	16	1	10	
…	…	…	…	…	…	…	

(2)按问题结合重要程度排列

这一排列方法就是根据材料内容所反映的不同问题将材料进行归类,同一问题归为一类,在同类问题中再以重要程度为依据从重要到次要依次排列。这类排列方法适用于党团类材料,如表7-8所示。

表7-8 党团材料排列表

类号	材料名称	年	月	日	份数	页数	备注
六	党团材料						
1	入团志愿书	2014	05	01	1	3	
2	入团申请书	2014	01	25	1	2	
3	入党志愿书	2015	12	16	1	12	
4	入党申请书	2015	07	01	1	6	
5	转正申请书	2017	12	01	1	5	
6	党员登记表	2017	12	24	1	5	
…	…	…	…	…	…	…	

(3) 按问题结合时间顺序排列

与上一种方法类似,这种方法也是将材料按照其反映的问题进行分类,同一问题归为一类。不同的是,按问题结合时间顺序排列这一方法对同一问题的分类是以问题结合的时间顺序为依据的,这种方法适用于反映职务、工资等方面的材料,如表 7-9 所示。

表 7-9　学历、学位、培训和评聘专业技术职务材料排列表

类号	材料名称	年	月	日	份数	页数	备注
四	学历、学位、培训和评聘专业技术职务材料						
4—1							
1	报考高等院校学生登记表	2000	01	25	1	2	
2	学习成绩表	2004	03	01	1	1	
3	大学毕业生登记表	2004	07	03	1	6	
...	...	...	...	...	...	...	
4—2							
1	中级专业技术职务任职资格评定申报表	2011	09	03	1	9	
2	专业技术职务聘任审批表	2011	12	28	1	3	
...	...	...	...	...	...	...	

3. 编目

编目指的是在人事档案案卷封面上填写的人事档案的目录,主要包括类号、材料名称、材料份数、形成时间、材料总页数以及备注等。编目的作用在于帮助利用者快速准确地查阅到自己需要的材料,同时也避免了其他无关材料的误存取,对保持人事档案的完整与安全有一定的意义。

编目的方法主要有以下几种。

(1)编码

编码就是对材料进行编号。人事档案材料按照一定的方法排列好之后,要在每一份材料的右上角用铅笔(不能是其他笔)写好类号和顺序号,类号与顺序号之间用"－"连接。例如,"1－1－1"表示这份材料是第一类中第一个问题的第一份材料,其他依次类推。

(2)目录登记

人事档案材料经过排列、编码之后,要按照固定的目录栏目和要求,将相应的归档材料逐份记载。通过目录登记,可以起到索引的作用,也有助于复查、保护档案材料。

在进行目录登记时,要注意坚持客观记录的原则,照录材料的原标题,过于冗长的标题可缩写,对题不对文、含义不清和没有标题的材料目录,登记者要自拟标题;材料形成时间一般采用材料落款标明的最后时间,年份必须写全称,一律使用阿拉伯数字、八位数表示;份数(即材料份数)以每份完整的材料(包括附件)为一份;页数按材料右下角铅笔书写的总页数填写。

4.复制

复制,顾名思义,就是通过印刷、复印、临摹、拓印、录音、录像、翻录、翻扫等方式将作品制作一份或者多份的行为。在人事档案管理中,通过复印、临摹、摄影以及微缩摄影等方法将原材料复制一份是常见的整理方法,尤其是对于非常有价值但不能久放的原件,如用铅笔、圆珠笔、复写纸书写的材料,一般都会在整理时复印一份。复制的作用主要是保护档案原件,使其能永久或长期保存,延长档案材料的寿命,恢复档案材料的原貌;为建立副本提供所需的材料;用复制件满足利用者的需要。复制的方法有复印、打印、抄写、手描、扫描、摄影。新研制推广的字迹恢复固定剂(液)是档案字迹恢复和固定保护的最好用品。

人事材料的复制要做好以下几方面。

首先,复制件应字迹清楚,不得模糊。

其次,忠于原件。复制件与原件在内容上应完全一致,外貌形状也完全相似。

再次,手续要完备。复制材料须注明复制单位、复制时间、原件存何处,并加盖复制单位公章。

最后,复制所使用的材料应经久耐用,有利于长远保存。

5. 加工

在收集到的人事档案中,会有一些材料纸张不规范,或者是有折角、折皱、破损等情况,为了延长这类材料的寿命,管理人员应在不损害材料文字内容以及档案历史原貌的情况下,对其进行技术加工,如修裱、修复、折叠、剪裁等。

修裱是以糨糊做胶黏剂,运用修补和托裱的方法,把选定的纸张补或托在档案文件上,以恢复或增加强度,提高耐久性,主要用于损坏较小的档案。

修复是对已经损坏或不利于永久保存的档案材料进行处理,如去污、去酸、加固、字迹显示与恢复,以恢复原来面貌,提高耐久性。

超过16开规格的档案材料,有的可以剪裁,有的不能剪裁。能够剪裁的材料,可以对其进行适当的裁剪,但要注意裁剪时不能影响材料的完整,也不能损坏字迹。不能裁剪的材料,可以酌情采用横折叠、竖折叠等方法进行折叠。

6. 装订验收

人事档案经过加工之后,要进行装订与验收。装订就是将零散的材料装订成册;验收就是对装订好的材料进行检验,看其是否合格,如目录与材料排序是否相符,卷面是否整洁,装订是否结实,等等。

二、人事档案的统计

人事档案的统计是指通过特定的人事档案项目的数量统计,

为人事管理部门提供科学参考。利用信息系统,尤其是网络化的人事档案管理信息系统,其中的"移交"或者 Excel 统计功能,可以方便地进行统计。

(一)人事档案统计的意义

人事档案的统计具有非常重要的意义,它是对人事档案工作及其发展情况的了解、掌握和分析,是正确指导人事档案工作的前提,是人事档案科学化、规范化管理的依据和基础。

(二)人事档案统计的内容

人事档案统计的内容如表 7-10 所示。

表 7-10 人事档案统计内容一览表

大类	各项	具体内容
人事档案数量的统计	保存档案正本、副本数量统计	正本有多少,副本有多少
	分类情况统计	在职人员档案主管、协管、代管统计
		各系统、各职级、各层次人员档案统计
		非在职人员(离休、退休)档案统计
		不同保管期限数量统计
		死亡人员档案统计
		"无头档案"统计
人事档案管理情况的统计	人事档案收集情况统计	共收集人事档案有多少,其中归档的有多少,转给其他部门的有多少,销毁的有多少
	人事档案的鉴定整理情况统计	已经整理和尚未整理的数量有多少
	人事档案保管情况统计	统计档案的流动情况和档案遭受损失的情况
	人事档案转递情况统计	转出人事档案统计,转出零星材料统计,接收人事档案统计,接收零散材料统计
	人事档案的变动增减情况统计	个人档案增减变动情况,单位人事档案变动增减情况
	人事档案利用情况统计	统计查阅人次,有哪几类利用者,在档案室阅览的有多少,外借的有多少

续表

大类	各项	具体内容
人事档案工作基本情况统计	机构设置情况统计	档案馆、档案室、人力资源服务机构
	人事档案工作人员情况统计	应定编人数、实定编人数、实有人数、与所管档案数量的比例,工作人员基本情况
	库房情况统计	库房设备的个数,其面积有多大,各类设备有多少,设备的保养情况等
	档案装具及设备统计	档案架、档案柜、档案箱统计,计算机、打印复印机统计
人事档案内容统计	深入了解本单位人力资源状况	学历结构、职称结构、年龄结构分布、业绩水平等

(三)人事档案统计工作的步骤

人事档案统计工作的步骤主要包括统计调查、统计资料的整理、统计分析。

1.人事档案统计调查

人事档案统计调查的方式按照组织形式可分为统计报表制度和专门调查两类。

第一,人事档案统计报表(表 7-11)是根据原始记录和有关人事档案工作的资料,按照统一的表格形式、统一的报送时间和程序,由基层单位自下而上地提供一定时期内人事档案工作有关资料的一种工作统计调查的组织形式。

表 7-11 人事档案统计报表样表

工号	姓名	性别	身份证号	所属部门	职位	年龄	入职时间	籍贯	联系方式
1									
2									
3									
...									

第二,专门调查是根据一定的要求,研究人事档案工作中某些重要问题而专门组织收集人事档案统计资料的形式。专门调查的范围可大可小,究竟采取何种方式,应根据各专门统计工作的目的、任务及统计对象的实际情况,全面考虑所需经费、人力、物力、时间等因素。

2.人事档案统计资料的整理

统计资料的整理是统计调查的继续,又是统计分析的必要前提。因为统计调查所收集的资料是分散的、不系统的,如果不按科学的原则和方法对其进行整理,并进行统计分析,也难以得出正确的结论。

统计资料的整理要从实际情况出发,基本内容可分为以下五点。

第一,根据研究人事档案工作诸问题的要求,确定反映人事档案统计分析需要的统计指标(项目)。

第二,人事档案统计历史资料的整理,同时要注重人事档案统计资料的积累,珍惜各时期有使用价值的各种人事档案统计资料,并妥善保存。

第三,人事档案统计基础材料的建立和管理。

第四,对人事档案统计调查的各类统计表进行汇总并整理出全面、系统的汇编资料。

第五,对人事档案统计调查取得的统计资料进行审核。

3.人事档案统计分析与人事档案统计分析业务

人事档案统计分析是以统计资料收集和整理为基础,运用科学的统计方法对所研究的人事档案工作的现象由此及彼、由表及里地进行分析研究,以发现人事档案工作中存在的内在联系、发展规律与存在的问题。

人事档案统计分析业务是指制定相关统计指标,定期对档案管理服务的各项业务进行统计,掌握档案接收、转递、保管、利用、存档状况和工作量等方面的情况,如图 7-1 所示。

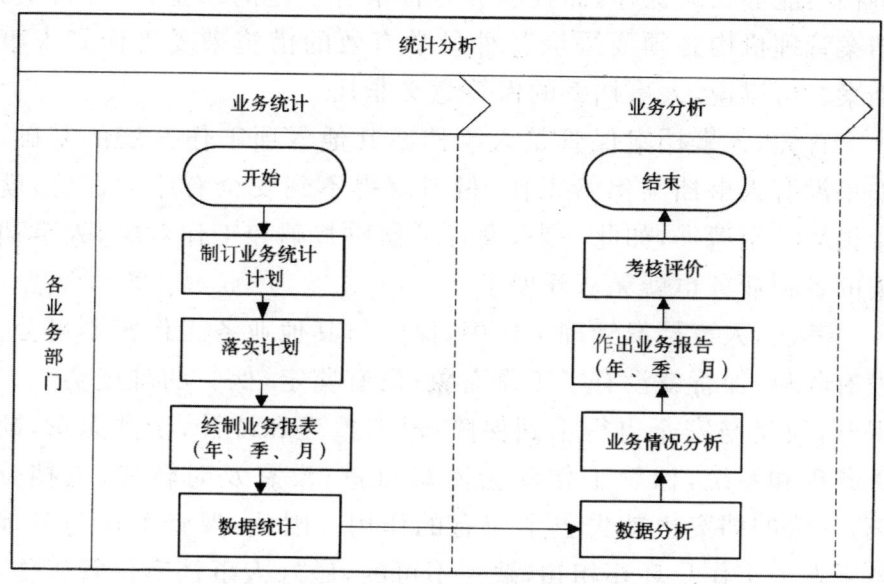

图 7-1 统计分析业务流程图①

第三节 人事档案的保管和转递

一、人事档案的保管

人事档案入库之后,需要管理人员按照一定的制度和方法,使用物资设备,按成分和状况将人事档案分类存放,并做好日常维护以及安全防护等管理工作,这就是人事档案的保管。

（一）人事档案保管的意义

人事档案是以物质形态存在的,这就决定了其必然要经历产生、发展、变化以及消亡的过程。在这个过程中,时间的流逝和人

---

① 李晓婷.人事档案管理实务[M].上海:复旦大学出版社,2015:213.

为的破坏都会让人事档案遭到损坏甚至是被毁灭。因此,为了人事档案能够长久保存,而且能够对将来有一定的借鉴、参考价值,档案管理机构必须要采取各种科学有效的措施来妥善保管人事档案。可以说,人事档案的保管意义非凡。

首先,人事档案保管是人事档案其他各项工作开展的基础,如果没有人事档案保管工作,材料就得不到安全有序的保管,就会损坏甚至遗失,如此一来,没有了物质基础和工作对象,人事档案的各项业务也就无从开展了。

其次,人事档案管理工作中,保管与其他业务工作密不可分。没有收集,保管就没有了工作对象;没有鉴定,保管的难度会大大提升,质量与安全也得不到保障;没有整理和统计,杂乱无章,缺乏条理和系统,保管工作就会困难重重;没有及时转递,人档分离,保管的档案也就失去了应有的作用。因此,保管工作与其他各项业务工作是环环相扣,缺一不可的,做好人事档案保管工作,既要利用其他业务工作的成果,又必须紧密配合其他业务。

(二)人事档案的保管期限

人事档案的价值不是一成不变的,具有一定的时效性。档案的时效性,决定了人事档案的保管期限。人事档案保管期限可以分为永久与定期两种,定期一般分为30年、10年。

(三)人事档案保管的任务

1.防止人事档案的损坏

人事档案会因温度、湿度、光线等各种环境因素而遭到损坏,因此,在日常的保管工作中,要针对这些环境因素制定出相应的防护措施,以最大限度地消除或降低不利影响因素。万一档案已经遭到损坏,应立即采取抢救性措施,控制损坏程度,尽可能修复损坏之处。

2. 延长人事档案的寿命

人事档案保管工作不仅仅在于防治人事档案的自然损坏,还应从根本上采取更积极的措施,最大限度地延长档案的寿命,使其尽可能长远保存下去,服务于子孙后代。

3. 维护人事档案的安全和有序

《干部档案工作条例》第二十七条规定:"根据安全保密、便于查找的原则要求,对干部档案应严密、科学地保管。"这就明确提出了人事档案的保管要遵循"安全保密、便于查找"的原则。因为人事档案关系到党和国家的机密及单位和个人信息的安全,切不可将档案管理工作当作收发取放的小事,一定要注意安全保密。此外,只有科学有序地保管,才能迅速查找到所需档案,减少多次取放对档案的磨损,提高利用效率。

(四)人事档案的保管范围

我国人事档案保管的范围是由各个单位的人事管理权限决定的,依据统一领导、分级管理、管人与管档案相一致的原则确定。具体来说,人事档案保管范围如表7-12所示。

表7-12 人事档案保管范围一览表

范围	具体内容
在职人员人事档案的保管	正本由主管该人员的组织、人事部门保管,副本由主管或协管该人员职务的部门保管,非主要协管和监管的单位不保管人事档案,根据工作需要可以建立卡片
军队和地方互兼职务的人员档案的保管	主要职务在军队的,其人事档案则由军队保管;主要职务在地方的,其人事档案则由地方保管
离、退休人员人事档案的保管	离、退休后异地安置而未转关系的,其档案仍然由原单位保管;如果将组织关系转到安置地,则其人事档案应转交接收单位的人事部门来保管
被开除公职人员人事档案的保管	由该人员所在地方人事部门或管理部门保管,其中干部必须由当地县或相当县级的人事部门保管

续表

范围	具体内容
出国不归、失踪、逃亡人员人事档案的保管	档案由原主管单位保管
死亡人员人事档案的保管	企业职工死亡后,其档案由原管理部门保存5年后,移交企业综合档案部门保存;对国家和企业有特殊贡献、英雄模范人物死亡后,其档案按规定向有关档案馆移交;党中央、国务院管理的省部级干部,死亡后其档案由原管理单位保管5年,之后移交中央档案馆永久保存

(五)人事档案的存放与编号

人事档案的存放与编号方法主要有以下几种。

1.拼音字母编号法

这种方法就是将人事档案中的姓名罗列出来,对姓名进行排序,排序的依据是先按姓的拼音字母顺序排列,如果姓的首字母相同,则按第二个字母的顺序排列,以此类推,如果是同姓或者是拼音一样的姓(如何、贺),则按名字的第一个字的拼音字母进行排列,排列方法同姓。这种编号方法的优点是比较简便。

2.姓氏编号法

这种方法与上一方法有些类似,也是将同性的人放在一起,不同的是,要按姓氏的笔画多少为分类依据来进行编号。具体方法是摘录人事档案中的一切姓名,按同姓、姓氏笔画的多少来编号排列。在编号时要注意所有的姓名一定要写正确,不要用同音字代替。

3.职称级别编号法

这种方法是将人事档案材料按照职称级别的不同以及职位的高低进行分类,按顺序编号,然后依次存放。这种编号方法有利于将重要的人事档案分开来,进行重点保护,特别是出现突发事件时便于及时转移。

4.组织编号法

这种方法是将人事档案按照人员所在的组织或者单位进行编号。它适用于人事档案数量较少的单位,做起来比较简便。其缺点是位置不能固定,而且数量多(超过300个)时会给查找带来困难。

5.四角号码法

这种方法就是对人事档案人员的姓名按笔形取其四个角来进行编号。它的优点是比较简便易学,且因为这种方法是根据姓名的笔形来编号存放的,所以查取时可以根据姓名的笔形得出档案号直接查取,非常方便。

(六)人事档案的保管设施

作为一种物质形态的档案,人事档案的存放必须要依托一定的物质条件,其保管也是如此,需要有一定的保管设施,如库房、装具、保管设备、包装材料和消耗品等。

1.库房

库房是人事档案最为重要的保管设施,档案管理部门一定要建立面积合适、坚固、放火防盗、防潮防蛀、防高温、防污染的专用档案库房,并及时对库房进行日常检查,尽可能排除一切安全隐患。

库房选址应考虑三个因素:一是应注意周围环境,远离居民区、锅炉房、厨房、化验室、厕所及车辆来往频繁的马路,以隔绝火源、水源和有害气体对档案的侵袭;二是库房应保持干燥,便于通风,不应设在工厂的下风处;三是要设置专门的档案查阅室和档案管理人员办公室。档案库房、查档室和档案人员办公室应三室分开。

2.档案装具

档案装具是指用于存放档案的柜、架等,它们是档案库房存贮和保护档案的基本设备。

档案柜(图 7-2)是比较传统的装具,使用比较灵活,便于挪动,有利于防尘、防火、防盗。一般而言,封闭式的柜箱比敞开式的架子更有利于档案的保护;金属装具比木质的更坚固,有利于防火,但造价较高,防潮耐热不如木质装具。

图 7-2 档案柜

档案架(图 7-3)造价低,要求库房地面的承重与图书架相同,生产工艺简单,利用档案比较方便,但要求档案库房的保护条件相对较高。

图 7-3 档案架

活动式密集架(图 7-4)比常规固定架柜在有效利用库房空间、坚固、密闭方面具有较好性能。但是,安装活动式密集架要求地面承重能力需在每平方米 2 400 千克以上,同时还必须考虑整个建筑物的坚固程度以及使用年限等因素。

第七章 人事档案的一般管理方法

图 7-4 活动式密集架

3. 保管设备

人事档案保管设备是指在人事档案保管、保护工作中使用的机械、仪器、仪表、器具等技术设备，如图 7-5 所示。

（a）除湿机

（b）温湿度表

（c）装订机

（d）光盘印刷刻录机

(e) 闭路电视监控设备

图 7-5　部分保管设备

4. 包装材料

人事档案包装材料主要有档案盒(图 7-6)、档案袋(图 7-7)。

图 7-6　档案盒

图7-7 档案袋

5. 消耗品

消耗品是指用于人事档案保管工作的低值易耗品,如防霉防虫药品、吸湿剂、各种表格及管理性的办公用品等。

(七)人事档案库房管理

档案管理工作不仅需要一定的物质条件,还需要建立健全管理制度,完善档案出入库手续,加强日常管理和监测,这样才能为人事档案营造一个良好的保管环境。

首先,在库房的安全和防护措施方面,要对进出库房的人员及其进出时间、方式、要求等进行必要的限制,制定并严格执行人员进出库制度;库房温度保持在 14℃～24℃,相对湿度保持在 45%～60%。同时做好"六防"措施——防火、防潮、防蛀、防盗、防光、防高温。要对库房进行定期检查和清点,要编制档案应急抢救预案,落实档案应急抢救预案的要求。

其次,库房中装有档案的档案柜、档案架等装具,一定要分类、有序排列,整齐划一。

再次,人事档案在流动过程中的维护和保护方面,要注意数量与顺序的控制;在现场监督档案利用人的利用行为,对重要档案采取限制利用的措施,尽量减少利用次数;在利用场所方面,尽量避免给予独立的小型利用室,而应该尽量安排在集中式的大阅览室。

　　最后,在档案入(出)库管理方面,要严格按照流程操作。档案入库业务流程如图7-8所示,档案出库业务流程如图7-9所示。

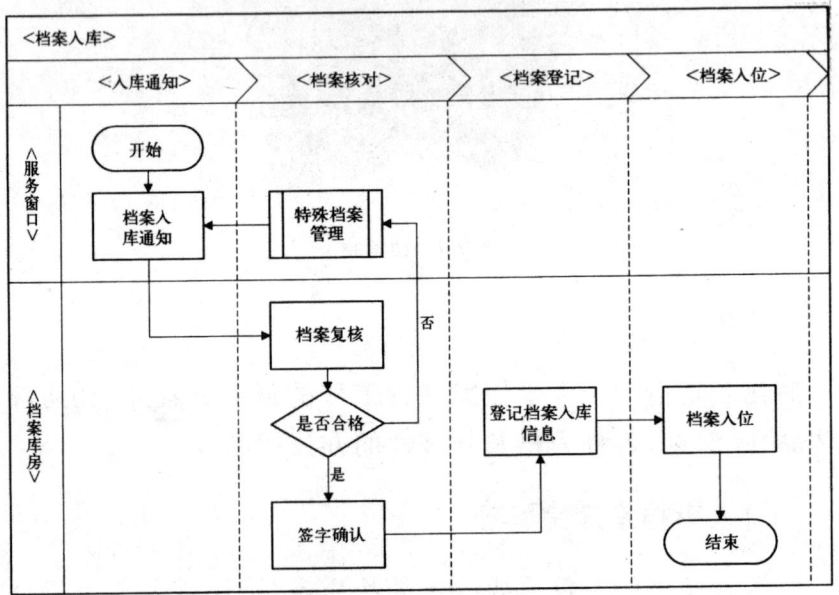

图7-8　档案入库业务流程图①

---

①　李晓婷.人事档案管理实务[M].上海:复旦大学出版社,2015:135.

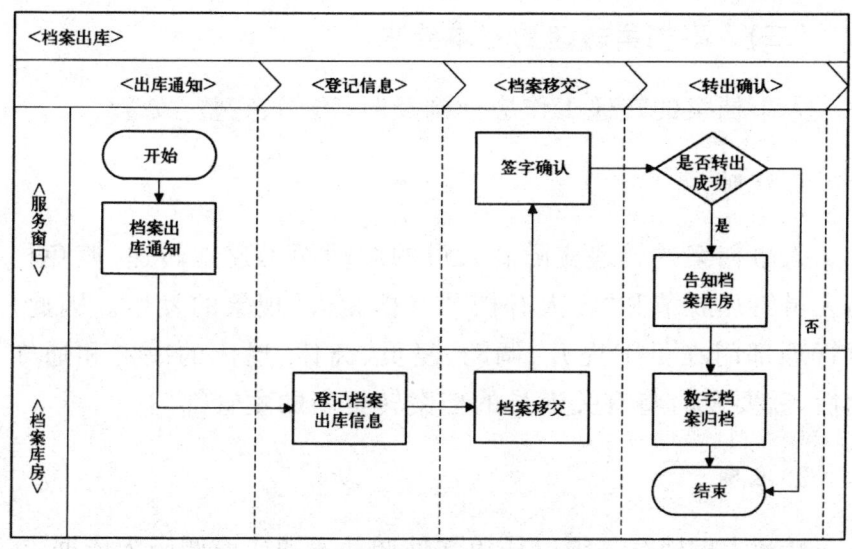

图 7-9 档案出库业务流程图①

二、人事档案的转递

人事档案的转递是指不同管理部门之间对人事档案材料的接受或转出。人事档案是人的档案,而人员不是一成不变的,所以档案必须要随人而走,人在哪里,档案就要在哪里。

(一)人事档案转递的意义

首先,人事档案转递是人事档案能及时地为人事工作提供服务的保证。人事档案转递工作是体现人事档案动态性的一项基本业务。当一个人的工作单位或主管单位改变后,如果转递工作做不好,该转的不能及时送转,就会造成人员管理与人事档案管理脱节,会影响人事档案作用的发挥,甚至造成用人失误。

其次,人事档案转递与人事档案材料收集工作密切相关,它丰富充实人事档案内容,有利于做到"档随人走"。

最后,人事档案转递工作能够保证人事档案的完整性和真实性,有效地防止人为因素对人事档案的损坏。

---

① 李晓婷.人事档案管理实务[M].上海:复旦大学出版社,2015:136.

(二)人事档案转递的基本要求

人事档案的转递工作应做到及时、准确、完整、安全。

1. 及时

人事档案的转递应随着人员的调动而迅速地转递,避免档案与人员管理脱节和"无人有档""有档无人"现象的发生。因此,人事管理部门在员工提升、调动、复员、离休、退休的决定和通知下达后,就要及时将有关人员的档案转至新的主管部门。

2. 准确

转递人事档案必须以任免文件调动通知或商调函为依据,在确知有关人员新的主管或协管单位之后才能办理人事档案转递手续。

3. 完整

转出的人事档案必须保持完整,将本人的所有人事档案材料一次性全部转出,若有零散材料,应按规定进行整理和装订。

4. 安全

人事档案转递过程中必须注意档案的安全,谨防丢失和泄密现象的发生。凡是转出的档案要密封且加盖密封章,严格手续,健全制度,保证绝对安全。

(三)人事档案转递的方式

人事档案转递分为转入和转出两种方式。

1. 人事档案的转入

当人员进入新的主管单位之后,他的人事档案就应该从原单位转到新单位,这是人事变动中不可或缺的环节。人事档案的转入需要一定的手续,要按照一定的环节来进行。

首先，人员要向新单位提交《人事档案转递通知单》(图 7-10)，新单位要对其进行审查，看其转递是否合乎规定，理由是否充分。

姓名	转递原因	正本（卷）	副本（卷）	档案材料（份）	备注

_____:
    兹将_____等_____同志的档案材料转去，请按档案目录清点查收，并将回执及时退回。
                                         年   月   日

图 7-10 人事档案转递通知单

其次，新单位要核查转递过来的档案是否为申请人本人的档案，避免同名同姓不同人的情况发生。

再次，新单位要对转递过来的人事材料的数量进行审查，查看材料与《人事档案转递通知单》上列出的项目是否相符，是否有破损情况。

最后，审查人员在对转递过来的人事材料核查确认无误之后，在本单位的档案转入登记簿上进行登记，然后在《人事档案转递通知单》的回执上签名盖章，并将回执单（图 7-11）寄回原单位。

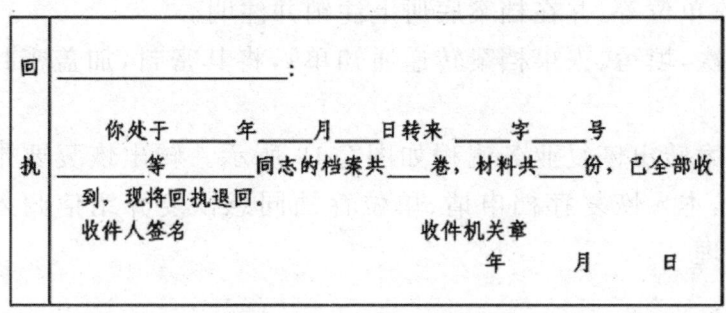

图 7-11 人事档案转递回执单

2. 人事档案的转出

人事档案转出流程如图7-12所示。

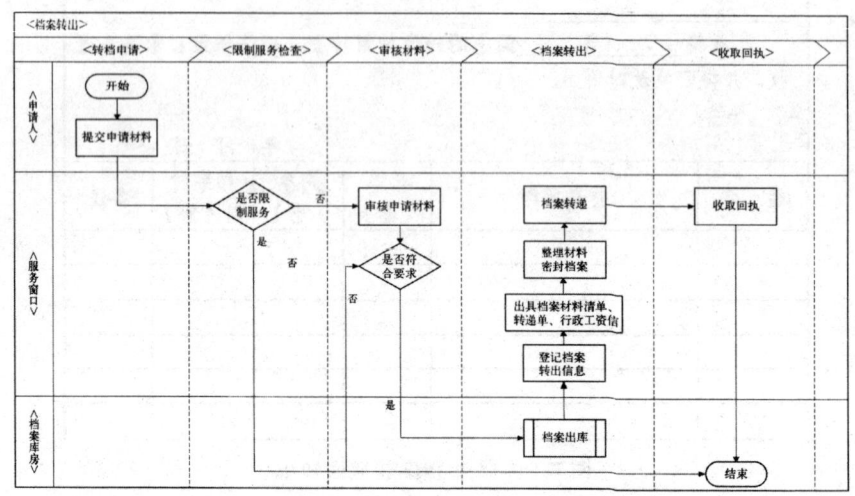

图7-12　人事档案转出业务流程图①

转出的方式主要有两种，即零散转出和整批转出。零散转出就是日常工作中数量并不大的人事档案材料的转出，一般由机要交通来完成；整批转出则是指某一单位或部门在同一时期大批量人事档案材料的转出，一般由专人专车送取。

转出的手续与流程如下。

首先，要在转出登记簿上对要转出的人事档案材料进行登记，要标注好转出的时间、原因、材料名称、数量、移交单位、经办人、接收单位等，并在档案底册上注销并注明。

其次，填写《人事档案转递通知单》，将其密封，加盖密封章后寄出。

档案转出恢复业务流程如图7-13所示。转出恢复要带齐申请材料，本人恢复存档申请、单位存档同意恢复介绍信归入文书档案管理。

---

① 李晓婷.人事档案管理实务[M].上海:复旦大学出版社,2015:198.

第七章 人事档案的一般管理方法

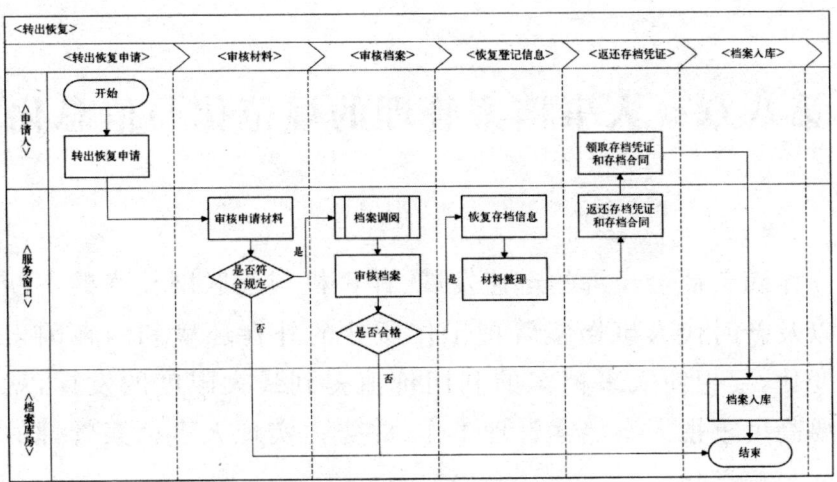

图 7-13　档案转出恢复业务流程①

---

① 李晓婷.人事档案管理实务[M].上海:复旦大学出版社,2015:200.

第八章 人事档案管理的规范化与信息化

伴随着社会经济的迅速发展、计算机与互联网技术的不断更新以及新时代人事档案管理工作所处的外在环境和内在因素的新变化,要想使人事档案的利用价值得到最大限度的发挥,就必须要高度重视人事档案管理工作,并努力实现人事档案管理的规范化与信息化。

第一节 人事档案规范化管理的含义、目标与途径

人事档案的规范化管理是一项有着很强的理论性与实践性的活动,这项活动的顺利开展,能有效提高人事档案的管理效益。

一、人事档案规范化管理的含义

所谓"人事档案规范化管理",就是"根据组织、人事、劳动等部门的现实要求,科学地、系统地、动态地管理人事档案,使人事档案发挥更大效能,更好地为社会主义现代化建设服务"[①]。对人事档案规范化管理的这一含义进行分析,可以发现其包含以下几个方面的内涵。

(一)要对人事档案进行科学的管理

在进行人事档案管理时,必须以人事档案形成的客观规律、

---

① 朱玉媛,周耀林.人事档案管理原理与方法[M].武汉:武汉大学出版社,2011:64.

档案学理论以及组织人事理论等为指导,科学地对人事档案进行组织与加工,以确保所收集、整理、保存的人事档案的真实性、准确性、完整性、有序性和实用性。

(二)要对人事档案进行系统的管理

在进行人事档案管理时,要以性质、类别、特点、形式等为依据,对人事档案进行合理的分类与整合,以确保每一类人事档案不论在形式上还是在内容上都具有内在的联系,并具有合理的结构、分明的层次和完整的体系。

(三)要对人事档案进行动态的管理

在进行人事档案管理时,必须积极借助于新的技术手段,如计算机与互联网技术等,以便不断地开发有效的人事档案信息资源,真正构建起信息资源共享的人事档案管理体系。

二、人事档案规范化管理的目标

积极推进人事档案管理的规范化,主要是为了实现以下几个目标。

(一)确保人事档案材料收集的准确性

在对人事档案材料进行收集时,只有确保所收集材料的全面性、完整性,才能确保所建立的人事档案能够将一个人的全貌展现出来。只有这样,人事档案才能为各级组织、人事、劳动等部门了解人、选拔人和使用人提供重要依据。为此,必须对与人事档案收集相关的工作内容进行规范,具体如下。

第一,要对人事档案材料收集的范围进行明确。

第二,要制定合理的、规范的人事档案材料收集工作制度。

第三,要明确收集人事档案材料的方法,并要确保方法的科学性、先进性和多样性。比如,突击收集与经常收集、外部收集与内部收集等。

(二)确保人事档案材料鉴定的准确性

人事档案材料只有真实、准确、完整、实用,能够将人员的经历、表现以及德、能、勤、绩、廉等情况都客观地、正确地反映出来,才能为单位的人事决策提供正确可靠的依据。为此,在开展人事档案管理时,必须重视人事档案材料的鉴定,并要确保人事档案鉴定的规范性,以便归档的人事档案材料能够客观、准确地反映人员的情况。具体来说,可从以下几方面着手确保人事档案鉴定的规范性。

第一,看,即检查归档的人事档案材料是否准确。

第二,辨,即辨别归档的人事档案材料是否真实。

第三,查,即检查归档的人事档案材料是否完整。

第四,筛,即对归档的人事档案材料进行筛选,确保其是最为精炼的。

第五,审,即审查人事档案材料的归档是否有完备的手续。

(三)确保人事档案整理的有序性

在收集了大量的人事档案材料,并对其进行了鉴定后,就需要以个人为单位,将鉴定好的人事档案材料加工成卷。这一过程实际上就是对人事档案材料进行整理,而人事档案材料整理的情况将对人事档案材料的条理性和系统性产生重要的影响。因此,在对人事档案材料进行整理时,必须要保证整理的规范性。而要实现这一点,就需要制定明确的人事档案分类与编排(归类)标准,并切实落实这一标准,以确保分类的准确、编排(归类)的有序。

(四)确保人事档案保管的安全性

在人事档案管理的过程中,积极推进规范化管理在一定程度上是为了确保人事档案材料能够得到安全的保管。具体来说,积极开展人事档案的标准化管理,能够更为科学、有效地对人事档案材料进行存放与保护,也能帮助人事档案管理者更好地对需保密的人事档案材料进行保管。

(五)确保人事档案利用的便捷性

在对人事档案进行规范化管理时,最根本的目的是开发和有效利用人事档案信息资源。人事档案只有被组织、人事、劳动等部门有效利用,才能产生经济效益和社会效益。为此,必须利用人事档案管理系统建立个人档案信息,编制专题信息资源,开展多种形式的主动服务、联机检索、信息推送服务等,以确保人事档案能够被快捷、有效的利用。

此外,人事档案被组织、人事、劳动等部门利用的情况,也能够直观地反映出人事档案工作的质量。从这一角度来说,对人事档案进行规范化管理也能够促进人事档案工作不断得到提高。

三、人事档案规范化管理的途径

在对人事档案管理过程中,为了实现管理的规范化,可采取以下几个有效的途径。

(一)切实树立人事档案规范化管理意识

人事档案规范化管理意识的树立,对于推进人事档案的规范化管理具有重要的作用。具体来说,可从以下两方面着手来促进人事档案规范化管理意识的树立。

1. 要日益重视人事档案管理

一般来说,高层领导只有真正认识到人事档案管理的重要性,才能以当前的人事档案管理形式以及自身发展特点为依据,制定出合理且适合自己的人事档案管理方针,并及时依据人事档案管理的实际对管理方针进行有效的调整,以推动人事档案管理工作不断得到有效开展。在这一过程中,高层领导还必须重视对人事档案管理的资金支持,并要不断完善人事档案管理的部门、人员以及基础设施等,加强对人事档案管理工作的检查与监督,以确保人事档案管理的质量能够不断得到有效提高。

2. 要积极落实人事档案管理工作

在重视人事档案管理的同时,还必须积极采取有效的措施来推进人事档案管理工作的落实。在这一过程中,必须做好以下几个方面的工作。

第一,随着经济、科技的发展以及对人事工作要求的提高,要促进人事管理工作的顺利开展,必须积极培养人事档案管理人员的自觉性和责任感,并积极引导档案管理人员切实树立人事档案规范化管理的意识。

第二,要切实依据人事档案对人员进行选拔与提升,这能够促使能为人员的晋职、晋级、年龄以及工龄等方面提供相应依据的人事档案管理被全员重视。

第三,要及时发现人事档案管理过程中出现的问题与困难,并对其进行有效解决,以确保人事档案管理工作能够顺利进行。

(二)不断完善人事档案的法规体系

在推进人事档案规范化管理的过程中,不断对人事档案的法规体系进行完善也是一个十分有效的途径。所谓人事档案的法规体系,简单来说就是与人事档案相关的法律、行政法规、行政规章及规范性文件等。自中华人民共和国成立以来,我国对人事档案管理的重视程度不断提高,并制定了《中华人民共和国档案法》《中华人民共和国档案法实施办法》《干部档案管理工作细则》《流动人员人事档案管理暂行规定》等与人事档案管理相关的法律法规,初步形成了一套人事档案管理的法规体系,在推动人事档案的规范化管理方面发挥了十分重要的作用。

可是,综观人事档案管理的实践,经常会出现有法不依、执法不严的情况。此外,也有一些类型的人事档案管理缺乏明确的法律法规依据。因此,在今后及未来的一段时间内,还需要进一步对人事档案的相关法律法规进行完善,确保人事档案管理真正有法可依、有法必依,最终切实推进人事档案的规范化管理。

(三)不断加强人事档案的制度建设

要推进人事档案规范化管理,不断加强人事档案的制度建设也是一个重要的途径,即必须不断建立健全与人事档案管理相关的规章制度。具体来说,一个较为完善的人事档案管理制度需要包括人事档案管理人员工作与责任制度、人事档案收集归档制度、人事档案整理制度、人事档案编排存放制度、人事档案统计制度、人事档案转递制度、人事档案查借阅制度、人事档案安全保密制度、人事档案死亡报告制度、人事档案销毁制度等。

由于任何制度的最终落实终究在人,因此为推进人事档案规范化管理,各级组织、人事、劳动部门必须以本单位的人事档案管理实际为依据,对相关的人事档案管理制度进行修改、补充和完善,以便其更具科学性、合理性和可操作性,继而能获得有效的成果。

(四)积极促进人事档案管理硬件建设的规范化

积极促进人事档案管理硬件建设的规范化,对于推进人事档案规范化管理也有重要的作用。这里所说的硬件建设,主要是档案库房的建设。具体来说,要保证档案室、阅档室、整理室以及档案管理人员办公室是分开的,并要在每个室内配备较为完善的基础设施,包括空调、除湿设施、吸尘器、湿温度显示表、应急照明、防盗报警、灭火器、打孔机、切边机、复印机等。此外,在各个室内,还必须做好防火防盗、防潮防蛀以及防尘措施,以便为人事档案规范化管理奠定基础。

(五)积极开展人事档案工作目标管理

所谓"人事档案工作目标管理",就是"根据党的组织路线、人事劳动工作政策和国家档案工作的方针、政策、法规及规定的要求,以及人事档案事业发展现状和近期发展规划,设计人事档案工作的基本内容和等级标准,按照规定的办法和程序进行考评,认定等级"①。积极开展人事档案工作目标管理,也是推进人事档案规范化管理的一个十分有效的途径。具体来看,人事档案工作目标管理的顺利实施,既可以确保人事档案管理的各项工作都能够得到有效的指导、规范与监督,也可以有效调动起人事档案管理者的工作积极性,从而不断提高人事档案管理工作的效率与质量。

1.人事档案工作目标管理的指导思想

在开展人事档案工作目标管理时,要想获得良好的管理效果,切实推进人事档案管理的水平不断得到提高,就必须遵循一定的指导思想。具体来说,人事档案工作目标管理需要遵循的指导思想是:在切实遵循与人事档案相关的法律法规的基础上,立足于对人事档案材料进行收集与整理,狠抓与人事档案管理相关的基础建设,不断提高人事档案管理的水平,确保人事档案能够得到最大限度的利用。

2.人事档案工作目标管理的内容

在实施人事档案工作目标管理时,必须要包含以下几方面的内容:一是人事档案组织领导;二是人事档案管理体制范围;三是人事档案队伍建设;四是人事档案收集与鉴别;五是人事档案归档与整理;六是人事档案保管与保护;七是人事档案利用和转递;八是人事档案管理制度建设和业务指导等。

(六)不断加强人事档案管理队伍建设

建设一支政治素质高、业务能力强、知识面宽、德才兼备的人事档案管理队伍,对于推进人事档案规范化管理也有重要的作

---

① 朱玉媛,周耀林.人事档案管理原理与方法[M].武汉:武汉大学出版社,2011:68.

用。具体来说,可从以下几个方面着手来加强人事档案管理队伍的建设。

第一,要在用人制度方面予以完善,如要求从事人事档案管理工作的人员必须持证上岗等。

第二,要注意不断对人事档案的管理队伍进行扩充与充实。在这一过程中,要特别注意两个方面:一方面是可以采用外部招录的方式选拔一些高素质的人员来参与人事档案管理工作,而外部招录的主要来源是高校档案专业的优秀学生以及综合性档案馆的高素质馆员;另一方面是可以采用内部选拔的方式选拔一些高素质的人员来参与人事档案管理工作,而且要注重所选拔人员的政治素质以及人事工作组织经验。

第三,要积极引导人事档案管理人员端正自身的工作态度,这对于确保人事档案的真实性、准确性、全面性等都有重要的作用,也能够促进人事档案管理工作的顺利开展。

第四,要确保人事档案管理队伍的稳定性。在当前,有不少单位未对人事档案管理工作予以足够的重视,或是人事档案管理人员由其他岗位的员工兼职,或是人事档案管理人员频繁变动,或是人事档案管理人员离职后不能及时地寻找替补人员,等等。如此一来,人事档案管理工作便无法顺利开展,或者虽然开展了人事档案管理工作但无法取得良好的成效。而且,这一现象的存在不利于人事档案的保密。因此,在进行人事档案管理队伍建设时,必须要注意维护人事档案管理队伍的稳定性。

第五,要重视对人事档案管理人员的培训和继续教育,确保其政治素质、业务能力等不断得到提高。

第二节 人事档案信息化建设的现实意义

在当前互联网、大数据、云计算等迅速发展的时代,信息化已成为人事档案管理发展的重要趋势。人事档案信息化就是一个以网络、通讯、计算机技术广泛应用为主导,以人事档案信息资源建设为核心,以信息网络为基础,以信息人才为依托,以人事档案信息法规、政策、标准为保障的综合体系。这不仅是人事档案管理发展的必然趋势,而且能够更好地将人事档案在人事工作中的重要作用发挥出来,对人事档案的健康发展起到积极的促进作用。因此,积极推进人事档案信息化建设具有十分重要的现实意义。在本节中,将从重要性和必要性两个方面着手,对人事档案信息化建设的现实意义进行深入分析。

一、人事档案信息化建设的重要性

人事档案信息化建设的重要性,主要体现在以下几个方面。

(一)信息化能够促进人事档案管理效率的提高

在当前的社会中,各行各业都努力追求的一个重要目标便是不断提高自身的效率。而在管理人事档案的过程中,要想不断提高管理的效率,一个重要的途径便是进行信息化建设。也就是说,信息化能够促进人事档案管理效率的提高。

传统的人事档案管理着重于实体档案管理,档案管理人员需要加工收集、整理档案并提供给单位利用,管理人员工作压力大、效率低下。特别是在当前企事业的内外部环境剧烈变化、人员流动性日益频繁、人事档案材料日益增多的情况下,若是仍然采用传统的人事档案管理方式,要做到管理的省时、省力与高效是极为困难的,只要管理者在管理过程中能不出错便是极好的情况了,更不用谈提高管理效率的问题了。而将计算机技术、数字技术、通信技术、多媒体技术等引入人事档案管理之中,在开展人事档案管理工作的过程中,就可以实现对人事档案的自动化编目、检索、统计、归类、加工等。这样一来,既能够使人事档案更易于保存和查询,也能够降低人事档案管理的成本,还能促使人事档案管理所花费的时间大大降低,继而使人事档案管理的效率得到大大提升。因此,必须积极推进人事档案信息化建设。

(二)信息化能够确保人事档案信息的准确性与完整性

在传统的人事档案管理过程中,由于人事档案的转递以及人事档案信息的沟通渠道不畅,导致人事档案上的信息和数据库里的信息有一定的延时性,无法得到及时更新和补充。此外,采用人工的方式将人员信息录入数据库中,虽然会经过多环节、多方面校对,但是依然无法完全避免信息输入错误的情况,这就在很大程度上制约了人事档案的利用价值。而积极推进人事档案的信息化建设,存储在人事档案信息库中的人员就能够根据访问权限了解自己的基本信息,对错误信息、不全面的信息进行更改、补充或者提议人事档案管理人员进行更改与补充。如此一来,人事档案信息的准确性与完整性便能得到较好的保证。

(三)信息化能够提高人事档案管理人员的业务水平

积极推进人事档案的信息化建设,能够将人事档案管理人员从烦琐的手工劳动中解放出来,把节约出来的大量时间用于深度钻研业务、学习管理知识、开拓创新、提高管理水平和业务水平上。当人事档案管理人员的业务水平提升之后,人事档案管理便能顺利进行,人事档案的利用价值也能得到充分发挥。

(四)信息化有利于纸质人事档案的保护

人事档案纸质载体作为最原始的证据材料,其客观性是毋庸置疑的。因此,对纸质人事档案进行妥善保管是十分重要的。

目前,随着社会服务功能的不断开放,人事档案的利用频率大增,人事工作中常常需要查询和核对相关人员的人事信息,基本上平均下来每年每份档案需要被查阅两到三次,部分存在人事争议的档案查阅次数则更多。此外,调整工资、评职称等事项也都需要查阅人事档案。因此,纸质人事档案需要反复地拆装,这使得纸质人事档案不堪重负。而人事档案信息化之后,人员信息可以直接从数据库中检索查阅,那么工作人员接触纸质原始材料的时间会大大缩减,这对于人事档案纸质载体的保护来说是十分有利的。

(五)信息化能够为人事行政决策提供科学依据

人事档案的信息化建设,能够实现人事档案信息资源的共享,继而为企事业单位的人事行政决策提供科学依据。

目前,随着社会主义市场经济的进一步发展,人员的流动呈现出日益频繁的情况,这就要求在进行人事档案管理时必须要实现动态化管理。在此影响下,信息化便被引入人事档案管理之中。

采用信息化的人事档案管理方式,可以将人事档案中不涉及人员隐私的材料以数字化信息的形式呈现出来。这样在出现人员流动时,相关单位的人事行政部门便可以便捷地利用这些信息进行科学决策。

(六)信息化能够保障人事档案当事人的知情权和隐私权

在进行人事档案信息化建设的过程中,需要适度地公开人事档案的一些信息,并要实现这些公开信息的网络共享。这样做从某种角度来说,也是当时保障人事档案当事人的知情权和隐私权的一个重要举措。

(七)信息化能够改善人事档案管理的服务质量

在开展人事档案管理的过程中,积极推进信息化建设,将人事档案的信息以数字化的方式呈现出来,并适度地共享不涉及人事档案当事人个人隐私的基础信息,对于人事档案管理服务质量的提升具有重要的作用。这具体表现在以下两个方面。

第一,在进行人事档案信息化建设的过程中,将不涉及人事档案当事人个人隐私的一些基础信息以数字化的方式进行呈现并适度进行网络共享,有助于人事档案管理者更为便捷地对人事档案数据信息进行查询、补充或调整等。

第二，以数字化的方式对人事档案数据信息进行呈现，有助于更为便捷地对流动人员的人事档案进行管理，更为便捷地为流动人员流动人事档案服务。如此一来，人事档案的跨地区传输就变得更为容易。

（八）信息化能够促进人事档案管理事业的顺利发展

人事档案的信息化建设，有助于全面获取相关人事信息，从而更为精准地服务于人事档案管理事业的需要。这具体表现在以下几个方面。

第一，将计算机、现代信息技术等引入人事档案管理之中，可以更为广泛、全面、便捷地收集人事档案当事人的相关信息，从而更为全面地将人事档案当事人的情况反映出来。

第二，将大数据、云储存等技术引入人事档案管理之中，可以实现在占用尽可能小的空间的情况下，对日益庞大的人事档案信息进行存储。

第三，在推进人事档案的信息化建设时，通过持续地对数据库进行设计与更新，可以使人事档案管理获得可靠的信息资源支持，能够精准地为人事档案当事人提供服务。

总之，在进行人事档案管理的过程中采用信息化的方式，可以获得更为多元化的、不断更新的人事档案信息，也能够实现人事档案数据库的有效建设。如此一来，人事档案管理工作便能更为容易地开展，人事档案管理事业也能得到进一步发展。

二、人事档案信息化建设的必要性

（一）信息化是人事档案管理发展的基础

当前的时代是一个信息爆炸的时代，在这一时代，大数据技术得到了越来越广泛的运用。因此，也有人称当前的时代是大数据时代。面对这一现实，人事档案事业要想在今后及未来得到持续的发展，就必须走信息化管理的道路。

在大数据时代,最为重要的信息资源便是数据,而且人们越来越认同数据应当成为为社会大众服务的基础资源。此外,在大数据时代,数据处于不断的更新与发展之中,因而数据的数量呈现出爆发式增长的态势。在此影响下,对信息数据"动态服务"的需要日益显现出来。为了顺应大数据时代的发展需要,人事档案管理要想得到发展,就需要积极进行数字化建设的实践探索,具体表现在以下几个方面。

第一,人事档案管理利用现代信息技术,可以对人员的个人信息进行多元化的完善和更新,继而促使人事档案得到逐步完善,更好地服务于人事档案管理事业的发展。

第二,人事档案管理利用现代信息技术,可以简化管理的手续,提高档案管理者的管理能力和管理水平。

第三,人事档案管理利用现代信息技术,可以灵活地采取多种方式来收集信息,并及时提供多样化的人事档案信息服务。

(二)信息化是人事档案管理创新的前提

在传统的人事档案管理过程中,由于受到档案信息载体、档案信息存储技术、档案信息查找手段等的影响,大范围、全面地对人事档案管理进行改革是难以实现的。因此,在对传统的人事档案管理进行创新时,要么是小范围地对管理方法进行创新,要么是微小地对基本管理方式进行转变。不可否认,这样的管理创新方式对于人事档案管理效率的提升是有一定作用的,但作用并不大。而在当前,随着计算机的日益普及,计算机技术、大数据技术、云存储技术、多媒体技术等的迅速发展对人事档案进行信息化管理成为可能,也能较为容易地进行人事档案管理创新。比如,信息载体样式的改变,即从纸质载体变为电子载体,促使人事档案信息的数字化呈现与存储成为现实,这大大提高了人事档案管理的效率与水平。

(三)信息化是人事档案信息化服务实现的必然要求

信息化是人事档案管理者实现服务目标的必然要求,而要切实实现这一目标,必须做好以下两方面的工作。

第一,要不断推进人事档案管理的网络化建设。与传统的纸质档案管理方式相比,实现网络化的人事档案管理,不仅可以节省管理的空间与时间,还能够提供信息化的人事档案服务,从而可以大大提高人事档案管理的质量与效率。需要注意的是,在进行人事档案管理的网络化建设时,必须要考虑到安全性问题,即必须确保人事档案的安全性。

第二,要积极推进人事档案数据库的标准化建设。人事档案事业要想获得长久的发展,必须要树立明确的服务意识和服务目标,而人事档案的信息化建设为人事档案事业服务目标的实现提供了重要支撑。具体来看,采用信息化的人事档案管理,可以更为容易、便捷地对人事档案信息进行查询。而这一高效人事档案管理模式的实现,是以人事档案信息数据库的标准化建设为前提的。因此,要实现人事档案的信息化服务,必须要重视标准化人事档案数据库的建设,以确保人事档案信息能够有序地存储、准确地被检索和利用。

(四)信息化是实现人事档案评价体系现代化的必然选择

人事档案管理水平的高低、人事档案的利用情况等,都是在对人事档案进行评价时必须要重视的内容。在当前,对人事档案进行评价都是建立在档案数据库的基础之上的。因此,档案信息化是对人事档案进行评价时必须要予以高度重视的一个方面。

具体来看,在当前的信息时代,一方面信息化为人事档案评价模型的建立提供了多样化的选择;另一方面信息化使得量化的人事档案评价成为可能。对于前者来说,将信息化引入人事档案评价之中,可以促使人事档案评价的标准得到进一步拓宽;可以促使人事档案评价的主体进一步多元化;可以及时对人事档案评价的结果进行反馈,继而使人事档案的管理者明确自己的服务情况以及如何进一步提高自己的服务质量,使人事档案的当事人及时地对自己的人事档案状况进行了解等。对于后者来说,将信息化引入人事档案评价之中,可以借助于标准的人事档案数据库,对人事档案进行量化的评价。如此一来,人事档案评价便能取得良好的成果,继而对人事档案管理工作的改进产生实际的指导意义。

(五)信息化是人事档案高效利用的内在要求

在当前的时代,人员的流动呈现出日益频繁的趋势。在此影响下,人事档案的流动速度也呈现出不断加快的趋势。面对这一现实,如果仍然沿用传统的人事档案转递方式,是不可能实现人事档案的快速、有效转移的。而将信息化引入人事档案管理之中,这一问题便能较为容易地得到解决,具体表现在以下几个方面。

第一,在进行人事档案信息化建设的过程中,通过建设标准化的人事档案信息数据库,既可以降低或避免人事档案因多次被调取与利用而造成的损坏,也可以进一步提高人事档案管理的效率,还可以有效避免人事档案管理人员在管理过程中出现各自为政的现象。

第二,在进行人事档案信息化建设的过程中,通过建设标准化的管理系统,既可以实现对人事档案信息的快捷检索,也可以实现人事档案信息的网络共享。

第三,在进行人事档案信息化建设的过程中,可以在确保人事档案信息被准确调取的基础上,大大缩短调取人事档案信息所花费的时间。如此一来,人事档案信息便能得到及时的利用与更新。

(六)信息化是进行人事档案数据信息交流的基本要求

在当前的信息时代,人们对信息的理解日益加深,对信息进行利用的能力也不断提高的。随着电脑、手机等的发展与普及,当代社会人们的交流与数字信息产生了越来越密切的关系,即人们每天都要面对大量的信息。因此,有人说当前的时代是信息爆炸的时代。在这样的时代，要想全面、准确地收集数据，及时、有效地利用数据，必须以具有强大信息存储与处理能力的信息数据库为支撑。通过进行人事档案信息数据库的建设，可以较为便捷地实现人事档案信息的存储、传送与利用。如此一来，不同的人事档案主体便能便捷地进行人事档案信息的交流与共享。

第三节　人事档案信息化管理的内容与原则

单位的人事部门在开展人事档案管理活动中，积极运用现代信息技术来组织、管理人事档案信息资源，并借助于网络开展人事档案信息服务等，便是对人事档案进行信息化管理。在开展人事档案信息化管理时，要想获得良好的成果，必须要有明确的管理内容，而且要遵循一定的管理原则。

一、人事档案信息化管理的内容

随着时代的发展、社会信息化的推进，尤其是人事档案信息化管理意识的提升和信息技术的不断提高，人事档案信息化管理的内容不再是一成不变的，而是会随着时代的发展而不断得到丰富。人事档案信息化管理的内容涉及微观和宏观两个层面。

（一）人事档案信息化管理微观层面的内容

人事档案信息化管理微观层面的内容，主要是针对各个人事档案管理机构而言的。从这个层面考察，人事档案信息化管理需要包括以下几方面的内容。

1. 人事档案信息的收集

在人事档案的信息化管理过程中，既需要注意收集办公信息化过程形成的人事档案电子公文，也需要对已有的人事档案进行数字化处理，继而形成数字化的档案信息。

2. 人事档案信息的整理

在人事档案的信息化管理过程中,既要重视现成的人事档案电子文件的整理,也要注意整理通过纸质人事档案数字化形成的电子档案。此外,要注意通过网络实时对人事档案信息进行整理。

3. 人事档案数据库建设

在建设人事档案数据库时,通常要涉及三个方面的内容:一是人事档案目录数据库;二是人事档案全文数据库;三是人事档案特色数据库。就当前人事档案数据库建设的实践来看,人事档案目录数据库以及人事档案全文数据库的建设已取得了一定的成效,但人事档案特色数据库的建设还不够完善。因此,在今后还需要进一步完善人事档案的数据库建设。

4. 人事档案信息的存储

在人事档案的信息化管理过程中,需要按照《电子文件归档与管理规范》(GB/T18894-2002)的规定,对电子人事档案信息进行存储。此外,在对人事档案信息进行电子化存储的过程中,做好备份工作也是十分必要的。

5. 人事档案信息服务

人事档案管理者将人事档案的基础信息发布于网络,并为人事档案当事人提供的服务便是人事档案信息服务。从服务对象来看,人事档案信息服务有服务本人与服务大众之分;从服务地点来看,人事档案信息服务有本地窗口服务与外地转递服务之分。

目前,随着人才流动的日益频繁,人事档案异地服务已经成为一项很重要的任务,被众多的人事档案部门提上了议事日程。因此,如何利用现代化的网络技术,在严格执行人事档案保密制度的前提下提供人事档案信息网上查询服务是人事档案管理部门在管理人事档案信息时需要考虑的。

6. 人事档案信息的共享

在人事档案信息化建设过程中,通过基本数据库的共享为不同部门提供基本信息的共享是人们必须要关注的一个问题。比如,高校毕业生将人事档案放到某人才交流中心,该人才交流中心往往需要重新录入该毕业生的基本信息,不仅费时,而且容易产生差错。如果该毕业生所属高校的基本数据库能够实现共享,则人才交流中心就可以直接采用这些数据库,不仅减轻了人才交流中心的工作压力,也大大降低了数据处理过程中的差错。

因此,在对人事档案进行信息化管理时,必须要重视实现基本数据库的共享,以保持数据的一致性、准确性、完整性和时效性。此外,人事档案信息的共享对于提高人事档案信息化管理的效率也有重要的作用。

7. 人事档案信息的安全保障

在进行人事档案信息化管理时,要确保人事档案信息的安全性,必须要保证人事档案信息化管理系统的硬件与软件的安全性、稳定性,并要提前制定有效的措施来预防可能因黑客攻击而造成的信息泄露等危险情况。

(二)人事档案信息化管理宏观层面的内容

人事档案信息化管理宏观层面的内容,主要有以下两个方面。

1. 建立人事档案信息化管理的相关标准

通过建立相关的标准,可以使人事档案管理的开展有据可循,继而取得良好的成效。就当前来说,以下几个方面在建立人事档案信息化管理的相关标准时必须要予以高度重视。

第一,国家信息化标准规范。

第二,行业即档案信息化标准规范。

第三,人事档案信息化标准规范。

需要注意的是,以上三个方面是相互联系的。国家信息化标准规范为行业和人事档案信息化提供了基础和保障,行业信息化标准规范为人事档案信息化提供了依据,人事档案信息化标准规范则具有专指性、针对性。另外,人事档案信息的标示、描述、存储、交换、管理和查找等各个方面,也需要建立一个从国家标准到行业标准的标准体系,从而有利于规范人事档案信息化建设,有利于人事档案信息的开发与利用。

2. 建设通用的人事档案信息管理软件的开发和服务平台

关于人事档案信息化建设的内容并不是一蹴而就的,需要在今后相当长的一段时间内才能完成。现阶段,鉴于我国人事档案信息系统开发缺乏规划性、计划性的事实,有关行业或部门主要领导机构需要加强对软件开发的管理,尽量开发该行业或部门通用的软件。也就是说,在开展人事档案信息化管理时,通用的人事档案信息管理软件的开发和服务平台的建设是一项重要的内容。

在建设和开发通用的人事档案信息管理软件和服务平台时,需要在一定范围内展开,以利于该行业、部门内部人事档案信息化管理工作,包括数据的共享、转递,以及局域网内信息的利用等。

二、人事档案信息化管理的原则

在开展人事档案信息化管理时,要想不断提高管理的质量与效率,必须要遵循一定的原则。具体来说,以下几个原则是在开展人事档案信息化管理时要特别予以重视的。

(一)实用性原则

在对人事档案进行信息化管理时,一个重要的目的是对管理实践中遇到的人事档案跨地区转递困难、人事档案当事人无法了解档案的内容等实际问题进行有效解决。因此,实用性是开展人事档案信息化管理必须遵循的一个重要原则。而人事档案管理部门和管理人员要切实遵循实用性原则,必须做到以下几个方面。

第一,在开展人事档案信息化管理的过程中,必须充分考虑到哪些档案资料需要上网,如何控制服务平台的信息安全等。

第二,在开展人事档案信息化管理的过程中,必须要考虑到人事档案的安全性以及人事档案当事人的隐私权,不应公开的人事档案信息切不可在网络上公开。

第三,在开展人事档案信息化管理的过程中,必须确保所收集、整理、储存的人事档案信息的准确性。

第四,在开展人事档案信息化管理的过程中,必须考虑到单位自身的实际情况,如单位是否有能力进行人事档案信息化建设、单位是否能确保数字化人事档案的安全性、单位应以怎样的速度和步骤进行人事档案信息化建设等。

第五,在开展人事档案信息化管理的过程中,进行信息化人事档案建设可以采取合作开发或引进方式,以避免走弯路和重复建设。

第六,在开展人事档案信息化管理的过程中,要充分认识到这是一项长期的工作,必须予以坚持。

(二)服务性原则

服务性原则是指在对人事档案进行信息化管理的过程中,要以服务性为目标指向,充分发挥人事档案管理的信息化技术优势,并使其在服务于人事档案管理的同时,能够为单位的人事决策以及员工的优化配置提供便利。人事档案管理人员在开展人事档案工作时,只有切实从以下几个方面着手,才能确保服务性原则的有效落实。

第一,人事档案管理人员要紧跟信息时代发展的要求,对自己的管理观念、管理思维等予以更新,即要切实树立起"以人为本"的服务理念和服务意识。

第二,人事档案管理人员在对人事档案信息化管理的制度、系统等进行设计时,要充分考虑到其是否具有可操作性。

第三,在人事档案信息化管理过程中,由于信息化的程度依然相对偏低,现代信息技术和现代工具的服务功能虽然已被嵌入了人事档案管理之中,但并未发挥出充分的作用。因此,在今后推进人事档案管理的信息化建设时,必须积极促使现代信息技术和现代工具能够被有效运用。

第四,在人事档案信息化管理过程中,必须要注意对管理的流程进行简化与优化,以便更为容易地开展人事档案信息化管理活动,更好地为人事部门以及人事档案当事人提供服务。

(三)规范性原则

规范性原则指的是在推进人事档案信息化管理的过程中,要注意对与此相关的管理规范、管理制度、管理流程、管理注意事项等予以明确与不断的完善,以确保人事档案的信息化管理能够变得更为有序、规范。

在人事档案信息化管理过程中,遵循规范性原则有着十分重要的意义,具体表现在以下几个方面。

第一,在人事档案信息化管理过程中,切实遵循规范性原则,能够对人事档案当事人的合法权益进行有效的维护。具体来说,进行人事档案信息化管理规范、管理制度等的建设,并要求人事档案管理人员切实遵循这些管理规范与制度,能够确保人事档案信息化管理的各个环节都是规范的。如此一来,人事档案当事人的合法权益便能够得到有效维护。

第二,在人事档案信息化管理过程中,切实坚持规范性原则,能够推进人事档案管理事业不断取得成效。具体来说,规范化的人事档案信息化管理制度的建立和规范化的人事档案信息化管理环节的明确,既有助于人事档案信息化管理效率的提高,又有助于人事档案信息化服务质量的提升,还能在人事决策以及人才资源优化配置方面发挥出更大的效用。如此一来,人事档案管理事业必然能够得到不断发展。

人事档案管理人员在开展人事档案信息管理工作时,要切实遵循规范性原则,必须做到以下几个方面。

第一,要切实依据时代的发展要求以及人事档案信息化管理的实际,制定完善的管理规章制度。

第二,切实依据时代的发展要求以及人事档案信息化管理的实际,对管理的流程进行优化,对管理的行为以及管理的手段等进行规范。

第三,在对数字化的人事档案信息进行收集、分析、整理、存储等的时候,必须遵循《电子文件归档与管理规范》(GB/T18894—2002)。这对于确保人事档案信息化管理的规范性也有重要的作用。

(四)保密性原则

在人事档案材料中,有些是涉及当事人隐私的。对于这类人事档案材料,必须遵循公民隐私权的相关规定,对其予以保密。因此,在开展人事档案信息化管理的过程中,遵循保密性原则也是十分重要的。所谓保密性原则,就是在推进人事档案管理的信息化建设时,要注重信息化管理系统以及信息数据库的安全性建设,以有效地预防人事档案信息化管理中可能出现的数据信息泄露现象。

在人事档案信息化管理过程中,遵循保密性原则有着十分重要的意义,具体表现在以下两个方面。

第一,在人事档案信息化管理过程中,只有有效地落实保密性原则,才能对人事档案当事人的合法隐私权予以有效维护。

第二，在人事档案信息化管理过程中，只有有效地落实保密性原则，才能进一步提升人事档案管理人员的安全意识，这对于维护人事档案的安全性具有重要的作用。

人事档案管理人员在开展人事档案信息化管理工作时，要切实遵循保密性原则，可具体从以下几方面着手。

第一，人事档案信息化管理过程中存在不少的风险，如人事档案信息泄露等，而导致这些风险出现的一个重要原因便是人事档案管理人员未真正形成保密意识和安全意识。因此，极有必要进一步增强人事档案管理人员的思想政治素质，提高人事档案管理人员的安全意识，规范人事档案管理人员的操作程序。

第二，人事档案管理人员在开展人事档案信息化管理时，要注意对所收集的人事档案材料进行认真、细致的鉴定与审核，凡是涉及人事档案当事人隐私的内容，必须予以保密，不可随意公开。

第三，人事档案管理人员在开展人事档案信息化管理时，可以借助于一些技术手段对人事档案当事人的一些隐私予以保密。比如，可以通过身份识别的方式，对人事档案信息进行有针对性的显示。

第四，人事档案管理人员在开展人事档案信息化管理时，要高度重视人事档案数据库的安全性建设。人事档案数据库是人事档案信息化管理得以实现的重要载体，其安全性建设的情况，不仅事关人事档案当事人的合法权益能否得到有效维护，而且影响着人事档案信息化管理能否顺利实现。因此，在进行人事档案数据库建设时，必须以遵守保密性为前提，通过不断更新人事档案数据库的建设技术，有效维护人事档案信息的安全。

第五，在推进人事档案信息化管理时，要想取得良好的管理成效，必须做好人事档案信息化管理的制度设计和管理创新。而这项工作的开展，应以保密性为前提，以确保人事档案信息化管理过程的安全性，并确保人事档案当事人的合理权益得到有效的维护。

第六,在推进人事档案信息化管理时,必须确保网络的安全性。通常认为,要使人事档案的安全性得到有效维护,一个重要的途径便是建立人事档案专网。但就我国当前的发展现实来看,还未形成成熟的条件来支持人事档案专网的建立。面对这一现实,就需要采取对人事档案信息管理系统与公共信息网进行隔离的方式来确保人事档案的安全,即在公共信息网的网络存储器上以及在与公共信息网相连的信息设备上,不可以存储涉及人事档案当事人隐私的相关信息。

(五)开放性原则

在传统的人事档案管理观念下,人们普遍认为人事档案属于保密性的内容,只有人事档案的管理者能够接触,个人是不可以接触的,更不可能知道人事档案里面都存储了哪些材料。随着社会经济的进一步发展、人们思想观念的不断更新以及人事劳动关系逐渐从行政隶属转为平等契约关系,人事档案的神秘性逐渐消失,人事档案管理的方式也逐渐由封闭、保密走向了开放、公开。面对这一事实,在推进人事档案信息化管理的过程中也必须遵循开放性原则。

需要注意的是,人事档案信息的开放并不意味着人事档案信息对所有人开放,而是有程度和范围限制地对人事档案进行开放。在现阶段,人事档案管理部门适当地向当事人开放一些个人信息还是有必要的。通过人事档案管理信息服务平台实现人事档案远程化查找和利用,既能保证当事人对档案的知情权,也便于当事人利用档案,是人事档案开放的必然趋势。

此外,对人事档案信息进行适度的开放,也是尊重当事人知情权的重要举措。在某些时候,人事档案信息化管理中知情权与管理的要求存在着冲突。在面对这一情况时,人事档案管理单位以及人事档案当事人都应该积极采取有效的措施进行解决。对于人事档案管理单位来说,必须要树立人事档案管理的开放意识,在不侵犯人事档案当事人隐私的前提下,有范围、适度地对人事档案材料进行开放,以便对公民的知情权予以维护;对于人事档案当事人来说,要意识到其虽然具有知情权,但其知情权是有一定限度的,因而不可无理地要求人事档案管理单位将所有的人事档案材料都公布于众。只有这样,人事档案信息化管理活动才能顺利开展,并取得成效。

(六)灵活性原则

灵活性原则指的是在开展人事档案信息化管理的过程中,要立足实际情况,灵活开展运用。人事档案信息化管理所面临的环境、所遇到的问题并不是一成不变的,因而在开展具体的管理活动中,必须要立足于我国信息化发展的实际、人事档案事业发展的现状以及人事档案管理单位的实际情况,采用灵活的管理方式或管理手段等。只有这样,人事档案信息化管理才可能收到良好的成效。

在人事档案信息化管理过程中,人事档案管理人员要切实遵循灵活性原则,必须做到以下两个方面。

第一,要着眼于人事档案信息化管理自身的实际情况,积极地、有目的地借鉴国外成功的人事档案信息化管理实践经验,切不可照搬照抄、机械套用。

第二,要对人事档案信息化管理过程中涉及的规章制度、原则规定等进行正确的认知,并要以人事档案信息化管理的实际为依据,对这些内容进行一定的调整、优化与完善等,以便更好地与人事档案信息化管理的发展要求相符合,继而促使人事档案信息化管理取得良好的成效。

(七)发展性原则

发展性原则指的是在推进人事档案信息化管理的过程中,必须要有长远的目光,注重对人事档案信息化管理进行不断的完善与创新,以便在提高人事档案信息化管理的质量与效率的同时,促使人事档案的作用得到最大限度的发挥。

在人事档案信息化管理过程中,人事档案管理人员要切实遵循发展性原则,必须做到以下几个方面。

第一,在人事档案信息化管理过程中,人事档案管理人员必须要摆脱僵化的、静止的观念,逐步扭转传统僵化静止的管理控制观念和实践做法,切实树立发展的眼光,以推动人事档案信息化管理的不断深入。

第二,在人事档案信息化管理过程中,要正确地看待人事档案数据库的完善与人事档案当事人的多样化需求之间的关系。一方面,要注重对人事档案数据库的逐步完善,以便能够为人事档案当事人多样化需求的满足提供条件;另一方面,要切实认识到人事档案当事人的需求处于动态的发展之中,人事档案数据库只有不断地进行完善,才能更好地满足人事档案当事人的需求。

第三,在人事档案信息化管理过程中,必须以发展性原则为指导,深入持续推进人事档案信息化管理创新的实践探索。在人事档案信息化管理过程中,信息化管理创新的实践探索只有起点、没有终点,即人事档案的管理人员必须强化发展的观念和意识,持续地推动信息化管理的制度完善、方式更新与模式优化,为促进人事档案管理事业的可持续发展奠定坚实的基础。

第四节　人事档案管理信息系统功能分析

人事档案管理信息系统是利用计算机硬件、软件、网络通信设备以及其他办公设备,对人事档案信息进行收集、传输、加工、储存、服务、更新和维护,以便管理和开发人事档案信息、辅佐决策的人机系统。而人事档案管理信息系统的功能就是人事档案管理系统面向实际应用时所应具备的各项功能,可以大致地分为基本功能和拓展功能两大部分。

一、人事档案管理信息系统的基本功能

人事档案管理信息系统的基本功能,就是在设计人事档案信息系统时必须要具有的功能。就当前而言,人事档案管理信息系统的基本功能主要有以下几个。

(一)系统设置功能

在设计人事档案信息系统时,系统设置是必须要考虑的一个方面。通常来说,系统设置主要体现在系统参数的设置,包括系统字段的设置、部门的设置、信息框的设置、信息提示设置等内容。

由于通过修改数据库的字段名,不仅可以让系统更好地适合本单位的操作需要,而且通过修改可以更加符合行业规范。因此,在设计人事档案信息系统的设置时,应设置"自定义编辑窗口",以便用户能够根据本身的需要进行自主设计。

总之,在进行人事档案信息系统的设计时,需要在系统设置方面多为用户着想,为用户留足空间,从而满足不同用户的需要。此外,在用户已经明确的前提下,需要切实针对用户的实际情况设计、改造人事档案信息系统的系统设置,以便能够更好地对用户的需求予以满足。

(二)档案信息管理功能

在设计人事档案信息系统时,档案信息的管理功能主要是通过以下几个方面表现出来的。

1. 档案信息的录入功能

在设计人事档案信息系统时,需要通过多种方式,包括人事档案电子文件的网上获取、转递以及扫描,取得人事档案信息,构建人事档案信息资源,尤其是人事档案信息库,为人事档案信息化管理提供基础。当然,执行"初始化"操作,可以清除上次操作

结果,以便重新执行查询、更新、统计、输出等功能。

2.科学管理录入的档案信息的功能

对录入的档案信息的科学管理,主要是对人事档案个人自然情况、工作情况、简历、政治情况等各方面信息以及人事变动、人事资料、人事资料设置查询和统计等功能的管理。

3.灵活的数据编辑功能

在设计人事档案信息系统时,灵活的数据编辑功能的设计,是为了更便利地开展人事档案信息化管理,即能够随时增加、删除、修改、更新、打印人事档案记录等。比如,人事档案信息系统的管理员借助于数据编辑的"更新"功能,可以及时对人事档案数据进行修改、删除或添加,这里所说的人事档案数据既包括人事档案的基本信息,也包括人事档案中涉及的各种表格信息;人事档案信息系统的管理员借助于数据编辑的"统计"功能,可以方便、快速地对某个人或是本单位人员某一方面的信息进行统计,实现分类统计、图表显示功能;等等。此外,数据迁移(备份、导入和导出)与上传功能也是必须具备的,这对于保障信息安全具有重要的作用。

(三)用户管理功能

在设计人事档案信息系统时,对用户权限的设置即用户管理也是必须要考虑的一项重要内容。具体来说,在设计人事档案信息系统时,进行用户管理需要从以下两个方面着手。

第一,要以用户的类型为依据,对人事档案信息系统的不同操作者予以不同的操作限制。也就是说,人事档案信息系统的管理员、人事档案的代理单位以及人事档案当事人对人事档案信息系统的操作范围是不同的。一般来说,人事档案信息系统的权限设置是由人事档案信息系统的负责人员或管理员来操作的。这表明,人事档案信息系统的管理员具有人事档案信息系统的所有操作权限。而人事代理单位对于本机构或单位代理的人事档案信息,则具有"读""写""修改"等权限。而人事档案当事人所具有的权限更是很小,仅剩下"读"的权限。之所以要对人事档案信息系统不同人员的操作权限进行限制,最根本的目的是确保人事档案信息的安全性。

第二,要重视用户密码的设置。为了维护人事档案信息系统的安全,防止人事档案信息系统以外的其他人员进入本系统,必须规定人事档案信息系统的每个操作人员都设置自己的系统登录密码。

(四)用户服务功能

在设计人事档案信息系统时,用户服务功能主要侧重于用户的服务方面,包括具有比较友好的人机界面,以便于人机交互式操作,同时系统需要设计成网络版,便于多人同时操作。

在用户服务功能中,最为基本的一个便是查询。比如,通过某些关键字或词的设置,采取姓名、身份证号码、部门等多种途径进行检索,可以方便地对相关人员的信息进行查询。此外,信息输入也是用户服务功能的一个重要组成部分。在信息输出时,既可以按照某些给定的条件生成"条件表",系统将某个人、某一类人或全体人员的信息输出,包括在显示屏上显示,或者打印成册,也可以提供"空白表",在需要时输出空白表。

二、人事档案管理信息系统的拓展功能

人事档案管理信息系统的拓展功能,就是在设计人事档案信息系统时需要根据实际需要添加的功能,其主要是对人事档案信息的管理起辅助作用。目前,人事档案管理信息系统的拓展功能主要有以下几个。

(一)提醒功能

人事档案管理信息系统的提醒功能,就是在打开人事档案管

理信息系统后,可以自动地提醒一些重要的日程,包括今天到期的合同、今天过生日的员工等信息,从而为当天的管理提供参考。

当然,在设计人事档案管理信息系统的提醒功能时,对于时间的设置,既可以是以天为单位,也可以是以周、月为单位。此外,所有提醒的事项都应能够导出到 Excel 表格中,以便更好地予以执行。

(二)原文件上载功能

在进行人事档案信息化建设的过程中,一项重要的工作便是对人事档案原件进行上载。因此,在设计人事档案信息系统时,原文件上载功能也是一项重要的拓展功能。

关于原文件上载,从技术上看,纸质、照片、录音、录像以及缩微品都可以进行上载,以此为基础形成人事档案全文数据库,从而有利于人事档案资源的建设和服务。从存档管理的角度看,各种载体的档案原件在上载到人事档案管理信息系统时往往需要进行一定的格式转换。在这一过程中,必须遵循《电子文件归档与管理规范》(GB/T18894-2002)和《纸质档案数字化技术规范》(DAT31-2005)的有关规定,纸质文件扫描后的图像为 TIFF 或 JPEG 格式。其中,采用黑白二值模式扫描的图像一般采用 TIFF 格式存储,采用灰度模式和彩色模式扫描的文件一般采用 JPEG 格式存储。对于那些提供网络查询的扫描图像,可存储为 CEB、PDF 或其他格式。扫描时一般设置为 100dpi,需利用 OCR 汉字识别的档案,一般设置为 200dpi。声音格式要求为 WAV、MP3,影像文件的通用格式为 MPEG、AVI。

(三)信息发布功能

在人事档案管理信息系统的拓展功能中,信息发布功能也是较为重要的一个。在设计人事档案管理信息系统的信息发布功能时,需要通过预留接口整合互联网和无线应用通信协议,以满足以短信通信沟通的需求,轻松通过移动平台发送各种人才交流中心或其他人事档案管理机构的短（彩）信消息，让人事档案管理中心和人事代理单位、人事当事人进行信息交流。这一功能的实现，不仅能够使人事档案管理机构的负担减少，而且对于人事档案信息服务的效率以及服务水平的提升等有着重要的意义。

需要注意的是，在设计人事档案管理信息系统的信息发布功能时，需要与电信部门建立战略性的合作。具体来说，电信部门以人事档案管理信息系统的要求为依据，可以设计专用的工作流程和模板，随时通过浏览互联网或手机，实现多方及时交流，从而提高人事档案信息的发布和交流的效率。

(四) 网络照相功能

在人事档案管理信息系统的拓展功能中，网络照相功能也是十分重要的一个。人事档案管理信息系统的网络照相功能，简单来说就是通过网络照相机采集、发送人事档案影像文件。

一般来说，网络照相功能的实现需要借助于网络照相机。当前网络照相的静态图像格式主要是 JPEG、BMP，支持 HTTP、TCP/TP、UDP、RARP、PING、ARP、DHCP、PPPOE 等通信协议。然而，截至目前，网络照相的规格及功能还没有一套公认的标准，今后在这一方面还需要予以高度的重视。

(五) 网络化信息服务功能

在信息化、网络化迅速发展的今天，网络化的人事档案信息服务已成为不可阻挡的趋势。这种趋势决定了在人事档案管理信息功能设计过程中，需要包括网络化信息服务功能。

在对人事档案管理信息的网络化信息服务功能进行设计时，要注意对人事档案信息实行分级管理，即要按管理权限逐层逐级建立人事档案局域网，通过局域网间的连接，实现网络化管理。这里所说的分级管理，需要从以下两方面着手。

第一，要在管理权限上实行分级分部门管理，坚持谁管理谁负责。

第二,要在使用权限上注意根据不同用户的情况,通过密码和身份确认,为其提供所需的档案资料。

(六)基本数据共享功能

对当前的人事档案管理实际进行分析,可以发现存在分阶段、分机构保管的现象。这一现象的存在,要求在设计人事档案信息管理系统时最好包含基本数据共享这一功能,以便与其他系统之间进行基本数据共享。比如,为了减少从高校到工作单位、人才交流中心信息流转中容易出现的错误,减轻人事档案管理工作部门的压力,高校需要提供毕业生的基本信息电子版。如果可能,公安部门、计划生育部门、高校等涉及个人基本信息的单位,都需要实现某些基本数据的共享,如姓名、性别、出生日期、住址、学习与培训经历等都需要共享。

目前,由于我国人事档案管理的条块化现象仍十分严重,因而要完全实现人事档案信息的共享还存在不少的困难。但是,从技术角度上看,要实现人事档案信息的共享是完全有可能的。比如,通过前置服务器,既可以方便地将各种主机系统连接起来,实现跨系统的信息交流,达到某些基本信息的共享,又节约系统投资、简化系统结构,可以减轻负担,也可以确保后台的安全。

(七)预归档审核功能

在设计人事档案信息系统时,设计预归档审核功能有着十分重要的作用。当人事档案形成单位需要通过网络归档时,人事档案信息管理系统的预归档功能自行判断该文件是否符合存档的基本规范。如果符合规范,则列入预归档文件名单中;否则,系统将自动退回该文件,由该文件形成单位重新完善相应填写事项,直到符合系统的要求才予以接受。

(八)人事档案信息反馈功能

在设计人事档案信息系统时,通过人事档案信息反馈功能的设计,可以及时收到人事当事人反馈的信息,包括人事档案信息的修改、增减或者预约借阅等。这对于人事档案信息化管理效率的提升以及人事档案的有效运用都有着十分重要的意义。

(九)预留模块功能

在设计人事档案信息系统时,预留模块功能的设计,可以使人事档案信息系统的具体开发机构或人事档案管理部门依据自身的实际情况添加拓展与特色功能。这对于提升人事档案信息化管理的效率也有重要的作用。

第九章　干部和流动人员的人事档案管理

在人事档案管理中,干部人事档案管理和流动人员人事档案管理是研究者极为关注的两个内容。为了给有关管理工作提供必要的证据保障和信息保障,维护档案安全,促进档案事业的发展,加强干部和流动人员人事档案管理的科学化是非常重要且必要的一件事情。本章就对这两类人员的人事档案管理进行一定的论述。

第一节　干部人事档案管理

在以前,干部一词在我国的含义是比较宽泛的,只要学历在大专以上,不论做什么样的工作,都具有干部的身份,都要纳入国家财政供养的范围。自我国进行人事制度改革和推行国家公务员制度以后,干部的含义就发生变化了,现在其主要指的是在党和国家机关、国有企事业单位、人民团体和军队中担任公职或从事公务活动的人员。根据《干部人事档案工作条例》的说明,干部人事档案就是"各级党委(党组)和组织人事等有关部门在党的组织建设、干部人事管理、人才服务等工作中形成的,反映干部个人政治品质、道德品行、思想认识、学习工作经历、专业素养、工作作风、工作实绩、廉洁自律、遵纪守法以及家庭状况、社会关系等情况的历史记录材料"。干部人事档案属于国家档案,为干部人事工作服务,也为国家积累档案史料服务。因此,在人事档案管理中,干部人事档案管理是非常重要的一个组成部分。所谓干部人事档案管理,就是指通过正确的管理方式合理地收集、整理、保管和利用干部人事档案的过程。关于干部人事档案管理,虽然有《中华人民共和国档案法》《干部人事档案工作条例》《干部档案整理工作细则》《关于干部人事档案材料收集、归档的暂行规定》《干部人事档案工作目标管理暂行办法》《干部档案工作目标管理检查验收细则》《干部人事档案工作目标管理考评标准》等可遵循与依照的政策法规,但仍需要一定的管理对策,以便获得更好的管理效果。

一、干部人事档案管理的范围

干部人事档案材料构成了干部人事档案的内容。在一个组织中,人事部门在培养、选拔和任用干部等工作中往往会形成许多记载干部个人有关情况的文件材料,这些文件材料就是干部人事档案材料的重要来源。当然,作为干部人事档案的文件材料必须是已经完成文书处理程序,内容客观真实,文字清楚,对象明确,符合体式和撰写方面的要求,并清楚地记载着干部的个人经历、业务能力、政治思想、品德作风、工作表现、工作实绩等,具有一定保存价值,一般以纸张为物质载体、文字为符号的原始记录材料。

根据有关条例和规定,结合干部档案管理的实践,干部人事档案管理的范围主要包括以下十类:一是干部的履历材料;二是干部的自传材料;三是干部的鉴定材料;四是干部的学历与评聘专业技术职务材料;五是政审材料;六是党团或民主党派的材料;七是奖励材料;八是处分材料;九是工资、任免、出国等材料;十是其他参考材料。

二、干部人事档案的特征

干部人事档案具有一般人事档案的基本特征,也有一些体现自身特殊性的特征,以下对其最突出的几点特征进行阐释。

(一)保管单位相对稳定

我国建立和推行国家公务员制度以来,党政机关公务员、企事业单位或社会团体的干部档案都会有自己专属的保管单位。分别建档,各自保管,国家党政机关与企事业单位在干部人事档案上就有了独立的管理体系。当然,干部人事档案的保管单位只能说是相对具有稳定性。当干部从一个地方调动到另外一个地方时,其人事档案往往也会随之迁到到任的那个地方的保管单位。不过,不管保管单位如何变动,干部人事档案都要集中在一个保管单位保管,不能分散开。

(二)立卷方式独特,内容连续

干部人事档案是以人为单位进行立卷,按照一定的原则和方法分类立卷,一般是一人一卷或一人多卷。这就是说,不同干部的人事档案文件不能混淆,每一个干部不同类型的档案文件要集中在一起保存。当职位发生变动时,要及时调入和补充档案材料。

干部人事档案不仅要保持以人为单位的立卷方式,还要注意保证内容的连续。也就是说,一份干部人事档案不应当遗漏这位干部某一阶段的人事材料,要保证完整性,将干部的个人历史和工作经历按时间顺序连贯地反映出来。如果干部人事档案在内容上不连续,就会大大地减弱其自身的使用价值。

(三)相似性

每一个干部都是不同的,所以他们的自身经历也都具有特殊性,但这并不影响干部人事档案的相似性特征。所有干部的人事档案材料在类别上没有多大差别。根据《干部档案工作条例》可知,干部档案主要有十大类。这些分类方法为规范干部档案管理,尤其是建立干部档案管理信息系统提供了规范化的条件。

(四)机密性

干部人事档案记录的是干部个人的各种情况,其中不可避免地涉及个人隐私,还涉及单位或机构的某些需要保密的事件。所以,干部人事档案具有机密性。2001年,中央组织部、国家保密局就在《组织工作中国家秘密及其密级具体范围的规定》中对干部人事档案的绝密、机密、秘密等密级进行了明确规定。在干部人事档案管理工作中,管理者必须认真贯彻党和国家的各项保密规定,充分了解各项档案的保密范围,做好干部人事档案的保密工作。如果保密工作做得不好,不仅会使当事人的日常生活和正常工作受到不良影响,而且还会在一定程度上给单位(机构)和国家带来负面影响。

(五)增长性

随着社会政治、经济等各个方面的发展,关于干部的很多规章制度(如干部考核奖惩制度、干部辞职辞退制度、干部轮岗交流制度等)也在不断发生变化。在实际的工作中,干部也不可避免地会遇到选聘、提拔、辞职、辞退和横向、纵向调动等各种职位上的变化情况,以及每年的总结类的材料等,这些都应当及时归入档案。所以,干部档案与其他档案相比,增长速度是较快的。

三、干部人事档案管理现存问题及对策

(一)干部人事档案管理现存问题

干部人事档案记载着干部的基本信息,反映了组织对干部的基本评价,是选拔任用干部或是科学合理监督管理干部的重要依据。然而,从目前的干部人事档案管理情况来看,还存在一些问题,致使干部人事档案难以充分发挥其作用。这些问题主要集中在以下几个方面。

1. 重视程度不够,支持力度不足

当前,有很多单位对干部人事档案工作认识不足、重视不够,没有真正明白干部人事档案管理的重要性。这就导致干部人事档案工作专职人员不足、专业化程度不高,工作水平难以得到有效提升。其实,自党的十八大以来,中央已经对干部人事档案工作表现出了高度重视,中央领导同志还多次作出重要批示和指示,明确要求对从严管理干部人事档案进行制度规范,认真组织开展干部人事档案专项整治。然而,在实际的工作落实中,不够重视和支持力度不足的问题还是很显著。这首先表现在干部人事档案管理人员的工作环境不好,津贴和劳保福利待遇较低,业务学习和培训力度小。其次,大多数单位在干部人事档案工作上投入的经费很少,档案库房建设和基础设施配备方面均未达到规范化建设的要求。所有这些都在很大程度上限制了干部人事档案管理的发展。

2. 缺乏专业人员,管理素质较低

档案管理并不是一件简单的工作,它具有很强的专业性,尤其是干部的人事档案管理,不仅与国家机关、事业单位的人员储备和管理有很大的关系,更与保障国家事业发展联系紧密。然而,从现在的情况来看,管理干部人事档案的人员专业知识和专业技能都很薄弱,从年龄上看,大多是一些老同志,往往只是进行一些简单的归档和保管工作,不能跟随时代的变化及制度的变革,及时更新档案管理方式,认识和掌握新时期干部人事档案管理的要求。管理人员的素质较低,必然影响整体的管理水平。

3. 管理方式落后,信息化建设进展缓慢

当前阶段,我国很多单位对于干部人事档案管理,仍然采用传统的人工纸质档案管理方式,没有与现代信息技术进行很好的融合。进入信息化时代以来,以计算机技术和网络技术为代表的信息技术渗透到社会各个领域中。实践证明,那些充分合理应用信息技术的组织都在很大程度上提高了工作效率。反观干部人事档案管理,好似没有真正客观地面对信息化这件事。有的单位配备了计算机等设备,但很少将其充分运用起来,甚至很多都只是将一些干部人事材料简单地录入计算机。这种管理方式显然是落后的,会严重影响干部人事档案管理工作的效率和质量。

4.档案材料的收集问题明显

干部人事档案管理是一个需要持续不断收集、补充档案材料的工作。就当前干部人事档案材料的收集来看,还存在很明显的问题,主要集中在四个方面:一是档案材料收集得不及时;二是没有进行及时的归档;三是收集的档案材料不全面;四是档案收集中利用信息化程度不高。

5.干部人事档案利用率较低

当前,干部人事档案的利用率普遍较低。很多单位仅仅在调岗晋升、调整工资以及政治审查时才会用到,很多时候,干部人事档案都保持尘封状态,没有充分发挥其真正的价值。

(二)加强干部人事档案管理的对策

干部人事档案记载了干部的历史情况和现实表现,是干部选拔的重要参考材料,是维护干部合法权益的重要凭证,具有"今世赖之以知古,后世赖之以知今"的特殊功能。因此,加强干部人事档案管理是非常重要且必要的一件事。针对上述现存的一些问题,加强干部人事档案管理可做出以下一些对策。

1.重视干部人事档案管理,加大支持力度

良好的档案管理工作是我党人事管理的基础,它为我党人才的选拔和任用做出了重要的贡献,使我党选拔优秀人才的这一职能得以发挥出来。因此,各单位领导应当将干部人事档案管理充分重视起来,并给予较大的支持力度。

首先,领导要抽出一定精力来关注干部人事档案管理工作。不仅要经常深入基层过问干部人事档案管理工作,还应当召集一定的人员对干部人事档案工作进行相关研究讨论,并积极解决出现的一些问题,以使干部人事档案的作用得到最大发挥。

其次,领导还要注意关心干部人事档案管理的工作人员。这里的关心既包括对他们工作、生活上的关心,也包括对他们精神、学习上的关心。干部人事档案管理人员在领导的关心之下,必然增大工作的积极性,提高工作的效率。

2. 建设干部人事档案专业管理队伍

干部人事档案是一项专业性较强的工作,尤其是随着时代的发展,档案管理工作的专业性越来越突出。这就非常需要一支专业的管理队伍。作为机关、事业单位,一方面要积极引进档案专业人员,另一方面要对现有的档案管理人员加强专业培训,提高其管理水平,并且将业务技能培训作为长效机制,促使档案管理人员不断更新知识与技能,从而开展专业化的工作。

3. 促进干部人事档案收集的规范化

从当前的干部人事档案材料收集来看,干部人事档案管理工作是明显存在问题的,为了解决相关的问题,可从以下几个方面努力。

第一,一定要保证档案收集的及时性,及时收集才不容易出现有些内容因为时间问题而失真的情况。当一些干部调任到另外一个岗位上时,新的单位一定要第一时间收集调转该干部的人事档案,同时,本次岗位调动这一事件也要形成档案信息,归入档案。

第二,干部人事档案收集的全面性一定要加以重视。档案材料全面客观才更具有价值。所以,档案管理部门在干部人事档案的收集过程中,一定要及时与有关单位、部门联系,确保收集到最新、最全的档案材料,收集的档案内容也要保持多角度,以能够综合反映干部的经历。

第三,档案材料的内容和形式都要尽可能统一,以便进行规范化的整理。

第四,档案收集中要充分合理应用信息化的方式与手段取得与档案形成单位、机构之间的联系,收集最新最全的档案,为档案信息化管理奠定基础。

4. 促进干部人事档案的信息化管理

干部人事档案管理工作要紧跟时代进行管理方式的创新,除了信息化硬件方面的更新改造外,软件也不能忽视。干部人事档案管理部门应当投入一定的资金去开发相应的应用软件系统,为干部人事档案的信息化管理做好准备。

5. 努力提升干部人事档案利用水平

想要提高干部人事档案的利用率,管理人员应认真执行查阅、借阅、转递制度。对于干部人事档案,除了一些特殊情况(如因考核、任免、调动、政审、组织处理、福利待遇等工作原因,因治丧、立案调查等原因)可以查阅外,一般不准予查阅。干部人事档案一般不借出使用,如遇特殊情况必须借出使用时,需说明理由,并经档案主管部门批准。干部人事档案查、借阅人员必须是查、借阅单位的正式干部,为两人以上且是中共党员;纪检监察、公检法机关办案查阅干部人事档案的,查、借阅人员必须是案件主办单位的干部。查、借阅人员不能是干部本人,并与干部本人没有夫妻关系、直系血亲关系、三代以内旁系血亲关系以及近姻亲关系。

查档人员查、借阅档案时需要履行报批手续,填写《干部人事档案查、借阅审批表》,注明查、借阅事由,由本单位负责人或分管人事工作领导对是否需要查、借阅档案进行把关、签批,并加盖公章;档案管理部门严格审查,符合查、借阅档案要求且签批手续完备的,按程序报分管领导批准后方可提供查、借阅。查档人员查阅档案时,管档人员必须始终在场;借出档案时,管档人员必须做好档案密封工作。组织人事、纪检监察、司法部门等单位因工作需要了解干部情况的,也要填写《干部人事档案查、借阅审批表》,做好查借阅登记。

第二节　流动人员的人事档案管理

流动人员人事档案是 20 世纪 80 年代初产生的一种新型人事档案,是随着经济体制改革和人事制度改革不断深化而发展起来的一种新的门类,其管理工作越来越受到重视。

一、流动人员人事档案管理的范围

根据中央组织部和人事部有关文件的精神,流动人员人事档案管理范围主要有七个方面,见表 9-1。

表 9-1　流动人员人事档案管理的范围

类别	范围
一	辞职或被辞退的机关工作人员及企事业单位专业技术人员和管理人员的人事档案
二	与用人单位解除劳动合同或聘用合同的专业技术人员和管理人员的人事档案
三	待业的大中专毕业生的人事档案
四	自费出国留学人员的人事档案
五	外商投资企业、乡镇企业、区街企业、民营科技企业、私营企业等非国有企业聘用的专业技术人员和管理人员以及无人事主管部门的全民企事业单位聘用的人事档案
六	外国企业常驻代表机构中方雇员的人事档案
七	其他流动人员的人事档案

二、流动人员人事档案管理的特征

从我国长期以来的流动人员人事档案管理来看,其主要体现出了以下几个方面的特征。

(一)档案数量多而杂乱

从接收档案的数量上来看,各级人才中心管理着数以万计的流动人员人事档案,一般的县级机构也有几千份,省级机构多达几万份,还有的多达几十万份。近年来,随着流动人员数量的不断增加,档案数量必然也会逐年递增。不仅如此,流动人员的来源还非常广泛,职业也十分复杂,所以档案内容也是千差万别。鉴于档案数量多而杂乱的特点,流动人员人事档案管理部门就需要努力实行规范化管理。

(二)流动人员档案转递频繁且复杂

从整个社会来看,人员流动是人才合理配置的前提。我国的人才流动就是伴随改革开放和市场经济发展而产生的一种社会进步现象。不过,近些年来,人员的流动有点过于频繁。这就给档案管理增加了不少的复杂性。比如,有的人员在外省工作,档案已发回原籍;有些大学生工作几年后仍不清楚自己档案的所在地;一些单位在转递档案时没有按照规定填写档案转递通知单,也没有及时进行登记,使得档案去向无从查找;一些单位则违反规定将档案直接交给本人保管、转递,在邮寄转递过程中丢失或损坏。

(三)管理难度大

首先,多部门管理人事档案,使得档案管理较混乱。除人事部门所属人才交流机构外,劳动部门、失业管理部门、社会保险机构以及一些社会团体也在管理;国企在管,私企在管,甚至一些民办中介机构也利用各种名目在管理。加之有些管理人员专业化程度不高,对流动人员档案管理不够重视,致使管理难度增大。

其次,流动人员档案保管不规范。一些单位将人事档案直接交给流动人员本人保管,存在违规拆封、材料失真、遗失等现象。

最后,流动人员人事档案材料内容陈旧,反映本人业绩、诚信、社会保险等方面的动态材料没有及时归入档案,部分材料规格不统一、字迹不真实。一些材料手续不完备、内容残缺,缺少本人签名、单位意见、单位公章等必要内容;并且内容上缺乏连续性,只有基本情况的履历材料,反映本人工作绩效的记录残缺;一些反映个人政治情况的重要材料缺少、遗漏,无法查找,这些情况也造成了流动人员人事档案在管理上的难度。

(四)利用率较高

流动人员人事档案的价值必须通过开发利用才能显现出来。无论是企事业单位对于人才的选用、国家制定人才市场的战略目标,还是编写史志和人物传记等,都需要利用流动人员人事档案对其所考察人员进行真实的考证。根据相关调研得知,上海、武汉、成都、青岛、厦门等人才服务中心每年都提供几万份流动人员人事档案服务,利用率很高。

三、流动人员人事档案管理的成绩、问题及对策

(一)流动人员人事档案管理的成绩

随着经济的多元化与市场经济的高速发展以及自由择业、公开招聘、评定竞争等竞争机制的建立,我国人才开始了由"单位人"向"社会人"的转变,人员的高频率流动现象出现。为适应市场经济发展与人才流动的需要,人才流动服务机构应运而生,开始主要针对流动人员提供以人事档案管理为主要内容的人事托管服务,解决流动人员的后顾之忧,后来更是有了专门的人才社会化服务。在流动人员人事档案管理方面如今已经做出了以下一些成绩。

（1）建立了流动人员人事档案管理机构。我国县级以上政府人事部门所属的人才流动服务中心，普遍建立了人事档案管理部门。

（2）添置了流动人员人事档案管理设施。人事档案管理基础设施有较大发展，全国各地人才流动服务机构基本做到了档案库房、阅档室与办公室三室分开。档案库房的防火、防盗、防蛀、防光、防尘等各项设施与指标都达到了国家标准，有效保证了档案的安全。

（3）接收了大量流动人员人事档案。全国各级流动人才中心管理着数以万计的流动人员人事档案。

（4）制定了流动人员人事档案法规制度。我国流动人员人事档案已经开始立法，《中华人民共和国档案法》《干部档案工作条例》《流动人员人事档案管理暂行规定》等法律都对我国流动人员人事档案管理做出了相应的规定。此外，我国流动人员人事档案执法活动已经开展。对于流动人员人事档案保存以及查阅、利用方面的问题基本能够遵循《干部档案工作条例》和《流动人员人事档案管理暂行规定》中的相关要求。流动人员人事档案管理效率和质量在不断提高。

（5）流动人员人事档案服务利用初见成效。有的流动人才机构在网站上公布暂无工作的存档人员的相关信息，向用人单位推荐用人信息。有的接受用人单位委托提供人才的学历验证、背景调查、诚信信息等查询服务。有的为流动人员工作流动、职称评定、出具各类证明等方面提供了服务。

（二）流动人员人事档案管理中存在的主要问题

不可否认，我国流动人员人事档案管理工作确实已经取得了一定的成果，但随着社会政治经济的发展，人事制度的深度变革，流动人员人事档案管理还是不可避免地存在一些问题。

1. 重接收保管，轻开发利用

现阶段，我国很多人才机构在流动人员的人事档案管理方面还没有更新观念和更新模式,大多还停留在传统的接收保管模式上,不懂得如何合理地开发利用流动人员人事档案。比如,很多单位经常会在"三无"(无档案、无党团组织关系、无原单位证明)情况下用人,结果很容易出现一些假文凭、假职称、假经历、假成果的现象,造成所用非人,不仅没有招到真正的人才,还会给社会带来诚信危机,影响社会经济、文化的发展。实际上,如果用人单位重视流动人员的人事档案,先从人事档案中查询相关信息,了解所要招聘的人员,就会在很大程度上避免上述的现象。所以,流动人员人事档案不能只重视接收保管,更要重视开发利用。

2.多头管理现象较严重

1988年,中央组织部、人事部就在《关于加强流动人员人事档案管理工作的通知》中规定,流动人员人事档案的管理统一由党委组织部门、政府人事部门及其所属的人才流动服务中心等机构负责,其他机构不得承担流动人员人事档案的管理工作。1996年颁发的《流动人员人事档案管理暂行规定》再次重申了这一规定,并明确规定"流动人员人事档案管理遵循"集中统一,归口管理"的原则,接受同级党委组织部门、政府人事行政部门的监督和指导。2014年颁布的《关于进一步加强流动人员人事档案管理服务工作的通知》继续强调"集中统一、归口管理"的流动人员人事档案管理原则,并规定由县级以上(含县级)公共就业和人才服务机构以及经人力资源和社会保障部门授权的单位来管理流动人员人事档案,跨地区流动人员的人事档案可由其户籍所在地或现工作单位所在地的公共就业和人才服务机构管理。显然,如果未经授权就不能管理流动人员人事档案。然而,就目前情况来看,很多部门没有严格按照文件执行,多头管理的现象不少。职业介绍所、劳动服务公司、劳动力市场、就业服务机构、失业管理机构、涉外人才机构、中介服务机构、各行业内设的人才机构等,它们是没有权利管理流动人员人事档案的,却有不少机构为了收取人事档案管理费而擅自接管流动人员人事档案。如果流动人员的人事档案管理出现多头管理现象,就会使广大用人单位和流动人员产生较大的茫然感,从而导致流动人员的人事档案难以发挥其自身的社会效用,所以,应当避免这种现象的产生。

3. 管理不规范,查找利用不便

我国流动人员人事档案来源广泛、结构复杂,一类档案所包括的人员就有许多种。由于职业繁多,因此每类和每个人的档案内容成分千差万别,这些档案大多以原有结构存在,集中到流动人员人事档案管理部门就显得很乱。加上管理部门没有健全的人事档案转递制度,整理归类不规范,所以,对其进行查找利用也很不方便。

4. 流动人员人事档案立法不完善

流动人员人事档案立法不完善主要表现在以下三个方面:第一,我国流动人员人事档案管理的相关法律法规中还存在着一些立法空白。比如,没有明确规定流动人员人事档案所有权到底归谁;有关流动人员人事档案知情权的问题也没有做出明确规定。第二,流动人员人事档案管理法规与相关法律法规之间存在着不衔接与矛盾之处。第三,现有的一些法规内容陈旧,没有及时更新。

5. 流动人员人事档案管理人员数量不足,素质不高

流动人员人事档案管理工作也不是一件简单的工作,它也涉及较强的政策性、专业性、保密性。所以,其需要一批专门的具有较高素质的人事档案管理人员。然而,从目前有关省、市、县级人才中心人事档案管理人员的状况来看,专职管理人员很少,大多是兼职人员管理,且人员大多缺乏扎实的专业素质和信息素质,与《流动人员人事档案管理暂行规定》的要求具有一定的差距,很难适应现代信息化社会发展的需求。

(三)加强流动人员人事档案管理的对策

针对目前我国流动人员人事档案管理工作中存在的问题,我们认为必须采取以下相应的对策。

1. 加强流动人员人事档案法制建设

针对我国流动人员人事档案立法不完善的问题,必须努力填补立法空白,对立法条款中的不衔接与矛盾之处应及时纠正或是剔除,同时加大流动人员人事档案管理的执法力度,以使人事档案管理工作顺利进行。

为了使我国流动人员人事档案管理更加法制化,做到有法可依,必须尽快填补流动人员人事档案管理立法空白。就目前来看,增设流动人员人事档案知情权和所有权归属的条款是重要的一项;此外,有关公共服务性等问题的相关条款也应当予以增设。

针对流动人员人事档案知情权与所有权、隐私权以及信息公开权等问题,我国应对那些不合理或矛盾之处进行修改。比如,针对"任何个人不得查阅或借用本人及其直系亲属的档案"这一规定,应予以修改,以充分保障公民的知情权,使公民有权利知道档案中与自己切身利益紧密相关的内容。

我国还应增强流动人员人事档案管理执法力度。比如,要大力宣传流动人员人事档案管理机构及其职责范畴,同时对《流动人员人事档案管理暂行规定》这类现有规章制度做到很好的宣传与执行工作;要帮助流动人员充分了解人事档案管理,包括人事档案管理的范围、人事档案管理的机构与职责、人事档案管理的特点与原则;要依法对那些私自存留和转递流动人员人事档案的现象进行处理,以免造成档案的伪造、销毁、丢失等情况;要建立健全流动人员调离、调入的人事档案审查制度,并强化依法制档观念。

2. 加强宣传,切实执行现有规章制度

流动人员人事档案管理工作中存在的主要问题,许多是由于

一些部门和个人不了解流动人员人事档案管理机构职责及规章制度所致，因此有必要加强宣传，让社会公众知晓有关政策和规章制度，并依法执行。各级人才交流机构的人事档案部门就是一个人才信息库，专供人们查阅利用。用人单位和个人了解了这一点才能更好地利用它。同时，流动人员自身也要维护和利用好个人的人事档案，注意将平时的有关材料及时补充到自己的档案里，以备推荐、受聘、晋升等使用。

3.推进流动人员人事档案管理服务信息公开

关于流动人员人事档案管理服务信息公开这一事项的推进，应从以下几个方面努力。

第一，各个地方要将自己辖区内公共就业和人才服务机构以及授权管理流动人员人事档案的机构信息（如机构名称、地址和联系方式等）进行汇总整理，并根据最新情况及时更新补充。

第二，要全面落实《关于进一步加强流动人员人事档案管理服务工作的通知》这一文件中所规定的基本公共服务的内容，并与当地的现实情况结合起来，将服务项目梳理清楚，将办事流程细化并确定下来，最好再编制一份详细的服务流程，将各个注意事项标清楚。

第三，为了向社会公开档案管理服务机构信息和办事指南，相关部门可采取多种形式来及时发布相关信息，比如在各级政府的网站发布，开通官方微博、微信公众号等发布，在一些场所的显示屏上发布，或者专门印制一些手册来发布。

第四，做好政策解读也是重要的举措。这一工作的重点对象应当是高校毕业生。在高校毕业生离校前后，一般都会开展就业创业政策咨询、就业指导等活动，此时就应将档案管理服务政策的解读作为一项重要的内容加入其中，以便很好地引导高校毕业生明确人事档案的相关事项。

4.建立健全流动人员人事档案公共服务体系

《关于进一步加强流动人员人事档案管理服务工作的通知》

专门强调要建立健全流动人员人事档案公共服务体系。这确实是促进流动人员人事档案管理向前发展的一项重要举措。对此，人力资源和社会保障部门应当动用一切力量加快落实。

流动人员人事档案公共服务体系应当以县级及以上公共就业和人才服务机构为主体，以管理服务机构为补充。在建立健全这一体系的过程中，以下几个方面需要特别注意。

第一，落实人事档案管理的主体责任。

第二，充分考虑各档案管理服务机构的实际服务能力和条件，不得强行推行档案属地化管理服务。

第三，切实加强组织领导，做好统筹规划，明确职责分工，完善政策制度，强化监督检查。

第四，对违规的档案管理服务机构，要严格治理，除了给予一定惩罚措施外，还应督促其尽快整改。

第五，超大城市人力资源和社会保障部门往往集中了数量很大的流动人员人事档案，对于这些部门一定要尽快制定并实施在本地就业的非户籍流动人员的人事档案管理服务相关规定。

5. 提高流动人员人事档案管理工作人员素质

流动人员人事档案管理效果的好坏在很大程度上受到流动人员人事档案管理工作人员素质的影响，高素质必然有利于档案管理效果的提高。对于流动人员人事档案管理工作人员来说，最应当具备以下几个方面的素质。

第一，政治素质。管理流动人员人事档案的人员需要具备较高的政治素质，一方面是因为流动人员人事档案管理工作具有较强的政策性，另一方面是因为流动人员人事档案管理工作人员要充分掌握党和国家关于人才和人事方面的政策法规。

第二，专业素质。管理流动人员人事档案的人员应掌握流动人员人事档案管理的基本原理和方法（如鉴别方法、收集归档方法、整理方法、分类方法、检索方法等），要体现出人事档案人员独有的专业素养。

第三,信息素质。管理流动人员人事档案的人员要具备信息意识,要掌握现代信息管理技术与方法,以便跟上时代的步伐,进行信息化的流动人员人事档案管理。

6.建立与完善人才诚信、业绩诚信机制,提供优质服务

首先,为了防止流动人员人事档案出现伪造、涂改、撤换、销毁、丢失等现象,流动人员人事档案管理部门应按照规定程序严格做好档案的接收、保管和转递等工作。

其次,建立人才诚信档案信息系统。该系统要对流动人员各方面的情况进行动态记录,并给出相关的诚信报告和证明,从而方便用人单位对所用人才进行相关的诚信信息查询。

7.努力实行现代化管理手段与技术

21世纪是知识经济和高新信息技术高度发展的新世纪,实现信息管理现代化,无疑是我国的一项重要战略任务。流动人员人事档案作为档案信息和人才信息的重要组成部分,也应当注重采用现代化的信息管理方式方法,以便为人们提供更为人性化的服务。为此,流动人员人事档案管理部门应注意做到以下几个方面。

第一,建立流动人员人事档案信息库。

第二,增添现代化的信息技术设备。

第三,建立科学的信息检索工具,方便查找档案。

第四,开发专门的流动人员人事档案信息软件。

第五,对于一些流动人员的人事档案(主要指不属于保密范畴和不具有知识产权的档案)放到网上,在网上进行管理,并为人们提供相关服务。

参考文献

[1] 姚裕群. 员工招聘与配置[M]. 北京:清华大学出版社,2016.

[2] 丁宁. 人力资源管理[M]. 北京:北京交通大学出版社;清华大学出版社,2016.

[3] 龚艳萍. 企业管理[M]. 北京:清华大学出版社,2016.

[4] 瞿群臻,甘胜军. 人力资源管理:理论与实务[M]. 北京:清华大学出版社,2014.

[5] 廖鸿,等. 社会组织人力资源开发与管理[M]. 北京:中央编译出版社,2017.

[6] 冉军. 人力资源管理[M]. 北京:清华大学出版社,2017.

[7] 邵芳. 招聘与人员测评[M]. 西安:西安电子科技大学出版社,2016.

[8] 水藏玺,景通桥,许艳萍. 人力资源管理体系设计全程辅导[M]. 北京:中国纺织出版社,2017.

[9] 王国颖,陈天祥. 人力资源管理[M]. 5版. 广州:中山大学出版社,2016.

[10] 王华强,盛艳燕,李铁斌. 人力资源管理[M]. 北京:清华大学出版社,2015.

[11] 王慧敏. 员工招聘[M]. 北京:清华大学出版社,2015.

[12] 王兰云,等. 基于双元创新能力的战略人力资源管理一致性与柔性效应的整合研究[M]. 天津:南开大学出版社,2015.

[13] 王丽娟. 非人力资源经理的人力资源管理:上卷[M]. 北京:中国经济出版社,2016.

[14] 徐惟诚. 徐惟诚文集:第2卷:经济建设·企业文化

[M].北京:商务印书馆,2015.

[15]杨光.创业管理[M].武汉:武汉大学出版社,2016.

[16]杨毅宏,赵新刚.人力资源管理实务[M].北京:中国电力出版社,2014.

[17]常亚平,赵应文,李亚慧.精编人力资源管理[M].武汉:武汉理工大学出版社,2012.

[18]张德.人力资源开发与管理[M].5版.北京:清华大学出版社,2016.

[19]张莹玉.经济发展与人力资源配置[M].上海:立信会计出版社,2000.

[20]赵永乐,姜农娟,凌巧.人员招聘与甄选[M].2版.北京:电子工业出版社,2014.

[21]周施恩.人力资源管理高级教程[M].北京:清华大学出版社,2017.

[22]向秋华.现代企业管理[M].长沙:中南大学出版社,2013.

[23]王林雪.新编人力资源管理概论[M].西安:西安电子科技大学出版社,2016.

[24]彭良平.人力资源管理[M].北京:清华大学出版社,2016.

[25]李春仙.人力资源管理[M].北京:中国财富出版社,2015.

[26]朱玉媛,周耀林.人事档案管理原理与方法[M].武汉:武汉大学出版社,2011.

[27]本书编委会.人事档案管理实务[M].北京:中国电力出版社,2017.

[28]徐谡.高校人力资源管理[M].北京:清华大学出版社,2016.

[29]陈媛华.大数据时代的高校人事档案管理创新[M].成都:四川大学出版社,2015.

[30]《档案管理实用大全》编委会.档案管理实用大全[M].北京:同心出版社,1996.

[31]陈兆祦,王信功,刘振淮.档案工作实务全书:下卷[M].北京:中国三峡出版社,2000.

[32]邓绍兴.人事档案教程[M].北京:中国传媒大学出版社,2008.

[33]邓绍兴.人事档案学[M].北京:中国青年出版社,1990.

[34]丁晓洋.教师的档案素养[M].长春:吉林文史出版社,2013.

[35]方树良,韩建华.文书工作与档案管理[M].北京:中央广播电视大学出版社,2014.

[36]李晓婷.人事档案管理实务[M].上海:复旦大学出版社,2015.

[37]上海市档案局.档案管理理论与实务[M].上海:上海教育出版社,2016.

[38]王法雄.人事档案管理概论[M].武汉:湖北人民出版社,1984.

[39]王志铨.人事档案管理[M].北京:劳动人事出版社,1987.

[40]吴宝康,冯子直.档案学词典[M].上海:上海辞书出版社,1997.

[41]中国大百科全书总编辑委员会.中国大百科全书:图书馆学·情报学·档案学[M].北京:中国大百科全书出版社,1993.

[42]朱玉媛.现代人事档案管理[M].北京:中国档案出版社,2002.

[43]王林雪.新编人力资源管理概论[M].西安:西安电子科技大学出版社,2016.

[44]葛正鹏,李芸.人力资源管理[M].3版.北京:科学出版社,2016.

[45]周晓飞.薪酬设计与绩效考核案例实操指南[M].北京:中国铁道出版社,2017.

[46]谭俊华,李明武.大学生创业教程:基础与实践[M].北京:清华大学出版社,2016.

[47]颜明健.管理学原理[M].厦门:厦门大学出版社,2014.

[48]王少东.企业薪酬管理[M].2版.北京:清华大学出版社,2016.

[49]吴刚.绩效管理[M].北京:清华大学出版社,2016.

[50]付维宁.人力资源管理[M].北京:电子工业出版社,2014.

[51]夏天,马丹.人力资源管理[M].北京:冶金工业出版社,2018.

[52]宋源.人力资源管理[M].上海:上海社会科学院出版社,2016.

[53]张海枝.人力资源管理[M].重庆:重庆大学出版社,2014.

[54]陈国宏.人力资源管理[M].北京:北京理工大学出版社,2017.

[55]董临萍,龙丽群.人力资源管理[M].上海:华东理工大学出版社,2014.

[56]张全同.人力资源管理[M].2版.大连:东北财经大学出版社,2015.

[57]冯忠铨.现代人力资源管理[M].北京:中国财政经济出版社,2002.

[58]李亚玲,姚建文.人事管理经济学[M].北京:科学出版社,2018.

[59]赵耀.员工培训与开发[M].北京:首都经济贸易大学出版社,2012.

[60]杨浩.人力资源管理[M].上海:上海财经大学出版社,2011.

[61] 董克用,叶向峰.人力资源管理概论[M].北京:中国人民大学出版社,2004.

[62] 方德生.干部人事档案工作理论与实践[M].北京:光明日报出版社,2013.

[63] 王英玮.专门档案管理[M].3版.北京:中国人民大学出版社,2017.

[64] 何丽芬.解析人事档案规范化管理措施[J].文化创新比较研究,2017(27):115-117.

[65] 陶俊光.新时期人事档案管理规范化的探究[J].办公室业务,2017(22):169.

[66] 刘德会.人事档案信息化管理[J].黑龙江科学,2016(10):138-139.